改变世界 中国杰出企业家研究系列丛书
为世界留下东方企业家的商业智慧与管理思想
苏勇 主编

季克良：酒魂匠心

赵付春 于保平 ○ 著

企业管理出版社
ENTERPRISE MANAGEMENT PUBLISHING HOUSE

图书在版编目（CIP）数据

季克良：酒魂匠心/赵付春,于保平著. --北京:企业管理出版社,2019.9

（改变世界：中国杰出企业家研究系列丛书/苏勇主编）

ISBN 978-7-5164-2023-2

Ⅰ.①季… Ⅱ.①赵… ②于… Ⅲ.①季克良—生平事迹②茅台酒—酿酒工业—工业企业管理—经验—中国 Ⅳ.①K825.38②F426.82

中国版本图书馆CIP数据核字(2019)第203587号

书　　名	季克良：酒魂匠心
作　　者	赵付春　于保平
责任编辑	徐金凤
书　　号	ISBN 978-7-5164-2023-2
出版发行	企业管理出版社
地　　址	北京市海淀区紫竹院南路17号　邮编：100048
网　　址	http://www.emph.cn
电　　话	编辑部（010）68701638　发行部（010）68701816
电子信箱	qyglcbs@emph.cn
印　　刷	河北宝昌佳彩印刷有限公司
经　　销	新华书店
规　　格	170毫米×230毫米　16开本　15印张　170千字
版　　次	2019年9月第1版　2019年12月第2次印刷
定　　价	58.00元

版权所有　翻印必究　·　印装有误　负责调换

改变世界
中国杰出企业家研究系列丛书

编委会

主　编：苏　勇

主　任：黄丽华　苏　勇　秦　朔

委　员：汪　钧　李萌娟

　　　　朱韶民　赵海龙

丛书总序

在中国现代化进程中，企业家是处于改革开放最前列的一个重要群体。他们率先感受到市场经济大潮和全球化竞争的严峻，以自己的智慧和胆识，带领日益强大的中国企业在世界舞台上一展身手，用自己的思想和行动改变着这个社会，改变着这个世界。

1911年，管理学发展史上的奠基之作《科学管理原理》（*The Principles of Scientific Management*）出版发行，标志着管理学作为一门学科的诞生，它使得管理从一种简单的实务行为上升为一门科学理论。在此后约100年中，管理学领域几乎是西方世界一统天下。以美国管理学者为代表的西方管理学界，创造了诸多管理学理论和方法，为管理学科做出了巨大贡献。这一贡献虽然功不可没，有其一定的历史合理性，但也存在诸多缺陷。因为，管理除了有其科学属性，还具备文化属性。管理思想和行为不仅是一种科学，同时也是一种文化。在多元的世界文化体系中，不能只是一种声音。

管理的文化属性主要体现在两个方面。

第一，管理是一种文化的积累，任何一个国家或组织的管理理论和管理方式，都非凭空产生，都有一个文化延续和发展的过程。当今的任何一种管理思想都有先前文化成果的积淀。

第二，现实组织中采用的任何管理方法或手段，无不受到该组织所赖以存在的社会文化环境影响，因而会留下深刻的社会文化烙印。任何组织都是社会的一个细胞，组织的生存、发展不能脱离社会大环境，再好的管理思想和方法，只有在适合它的社会和文化环境中，才能发挥有效作用。这也充分体现出管理活动和思想有其文化依存性。就这一点而言，任何管理活动都不能忽视文化的作用，不能忽视管理者及组织的文化差异性。

既然我们承认管理是一种文化，管理活动有其客观的文化依存性，管理的有效性要充分考虑管理者和被管理者及所在组织的社会文化情境，那么，我们就既要承认西方管理学思想有其重要的科学性和规范性，在企业发展过程中起着非常重要的作用，呈现出其独特魅力；同时也要认识到，东方社会和组织虽然表现形式不同，但也应当在实践中总结、概括和提炼出自己独特的管理思想。我们应当看到，长期以来，东方社会的企业管理中也一定存在一系列发挥着卓有成效作用的、独特的管理思想。

本丛书的撰写出版正是基于这样一个目的。

2014年秋，由复旦管理学奖励基金会联合上海第一财经传媒有限公司、复旦大学东方管理研究院，隆重启动了"改变世界：中国杰出企业家管理思想访谈录"项目。项目计划用5年时间，访谈50位最优秀的中国杰出企业家。这些企业家，在中国40年改革开放大潮中，投身于社会主义市场经济的汪洋大海，奋力拼搏，砥砺前行，用自己的智慧、毅力和辛劳，为中国经济和社会发展做出了巨大贡献，同时也产生了丰富的管理思想。

在本项目的实施过程中，我们希望认真了解每一位杰出企业家精彩的管理实践，深入剖析其深邃的管理思想，系统总结其独树一帜的管理理论。项目主要成果有四。一是将每一季访谈企业家的对话实录汇编成书，命名为《改变世界：中国杰出企业家管理思想精粹》，目前已经出版4本简体字版，并在中国台湾出版3本繁体字版，该书原汁原味地反映企业家的管理理念和思想。二是拍摄、制作并发行企业家电视系列专题片，通过第一财经电视频道及腾讯视频等媒体平台向全社会播出。截至2019年年初，已经播出31集。三是如今呈现在读者面前的"改变世界：中国杰出企业家研究系列丛书"。我们组建了由全国多所大学管理学教授、博士领衔的多支一对一研究团队。研究团队在访谈之前认真研读相关资料，撰写出企业大事记和对企业家详细的访谈提纲。同时，深入企业调研访谈，认真研读各项素材，并广泛涉猎关于该企业的各种资料，在此基础上与团队合作，反复研究、提炼和聚焦该企业最核心，同时又最具有东方特色的管理思想和智慧，数易其稿，提供给读者一份基于丰富实践和成功经验的具有东方特色管理思想的盛宴，为世界管理学贡献中国智慧。此外我们还结合访谈研究，撰写了多篇管理学案例。

诚如生物需要有多样性一样，管理学的发展同样需要多视角的研究。只有打破西方管理学理论一统天下的局面，管理学才能获得健康发展。而经历 40 年改革开放历程的中国企业，也迫切需要在契合中国企业实际的管理学理论引领下，以更加科学和实事求是的态度，认真思考和探讨东西方管理思想的融合，并有效指导企业的管理实践。

中国企业正以其日新月异的新姿态，昂首阔步走向世界经济舞台。愿我们的工作，为中国企业助力，为中国管理学发展助力。

苏　勇

教授　博士生导师　丛书主编

复旦大学东方管理研究院院长

复旦大学管理学院企业管理系主任

2019 年春　于复旦大学

前　言

赵付春博士、于保平博士的这部著作，除了对本人的过誉之辞，有关茅台发展和管理的部分，是实事求是的。作为一部有关茅台的管理学研究著作，有一定深度，值得重视。

如作者所说，茅台堪为中国企业发扬工匠精神的样本，对于其他企业有重要的借鉴意义。当前，国家正在大力倡导工匠精神，只有各行各业都具备这一精神，我国才能突破当前发展中的瓶颈，才能解决人民日益增长的美好生活需要和不平衡、不充分的发展之间这一社会基本矛盾。

关于茅台，我在过去的几十年中，已经陆续写过不少文章，其中对工匠精神也多有涉及。作者在写作过程中与我沟通过多次，我感觉这次梳理得比较系统和清晰，是第一个这样做的。

不少人对于茅台的理解仍停留在二十世纪，认为它顶着"世界三大蒸馏名酒之一"的金字招牌，只要保证质量，把酒往外运就行了。这种想法既忽视了市场竞争的残酷性，更是对全体茅台员工几十年艰苦奋斗精神的不公平评价。

我认为，茅台案例的特殊之处在于。

一是茅台酒工艺极其复杂，是固态、多菌种参与发酵，还需要大量人工操作，因此，可以说是中国传统文化精华的一部分，也是国家非物质文化遗产，需要继承与创新并重。这其中的辩证关系，我之前已经有过多次论述。如果没有科学技术的参与，没有工匠精神，二者均不可得。

二是"离开茅台镇生产不了茅台酒"这一特点，决定了工匠精神必然是一个体系，而不是单靠一家企业的努力。茅台地处山区，地理环境独特，早期的交通极其不便。这是对茅台酒厂很不利的外部约束条件。我们通过努力，却把它变成为茅台酒今天近乎"垄断地位"的竞争力的重要源泉之一。作为管理者，不仅要发扬本企业的工匠精神，解决引才难、管理难等问题，还要发挥上下游的工匠精神，确保生态环境不被破坏，创造多方共赢的商业生态。

三是高端白酒行业的市场竞争激烈程度绝非一般人能想象。以"世界三大蒸馏名酒之一"这颗皇冠上的明珠，必须名副其实，这是市场普遍的期待，也是我们当时面临最大的压力。我很早就意识到，市场不相信眼泪，如果没有真正夺冠的实力，"中国白酒业的领跑者"的地位就很难永久维持。而经历市场经济的洗礼，我们用铁一般的事实捍卫了荣誉，到今天，茅台"中国白酒业的领跑者"的地位已经不可动摇。

前　言

　　从本书看，对于上述内容均有论及。我也很同意赵博士、于博士把工匠精神延伸到外部市场竞争这一观点，茅台不仅仅是用工匠精神抓内部质量，而且有对消费者负责任，做良心酒的工匠态度。茅台在市场竞争中取得的成绩，是工匠精神得以发挥的一个必然结果。茅台一直以消费者为中心，把他们当恩人，而消费者感受到这一点，最终认可了我们的高品质。

　　总之，这本茅台工匠精神的研究著作很好地展现了茅台工匠精神的培育和发扬过程，其中很多内部资料是第一次面向广大读者。尤其，我感到作者的写作也极力发挥了在学术上的工匠精神，从这点看，我们也算是同道中人。

2019 年 8 月

目 录

|第一章| **工匠精神：时代的呼唤** / 001

　　时代之精神 / 003

　　季克良与茅台的新工匠精神 / 005

　　对"工匠精神"的不同理解 / 009

　　现代工匠精神实践者：德国和日本 / 012

|第二章| **季氏"新工匠精神论"** / 023

　　工匠精神探源：墨儒勾兑 / 026

　　近代"实业报国"思想 / 033

　　从科学管理到质量管理 / 036

　　一个核心，六个维度 / 044

|第三章| **敬畏质量：新工匠精神的核心价值** / 049

　　寻找茅台的"锤子" / 051

　　八十年代的质量先驱运动 / 055

　　季克良的"四个服从"论 / 063

遭遇挑战：质量还是效益 / 067

| 第四章 | 以人为本：新工匠精神的指导原则 / 073

　　管用的思想政治工作 / 075

　　把员工打造成器 / 080

　　理性、宽容、分权、倾听 / 083

　　不是以"每个人"为本 / 089

| 第五章 | 继承创新：新工匠精神的思想基础 / 093

　　我们十年之内没有发言权 / 095

　　茅台工艺的继承与创新 / 101

　　茅台的师徒制 / 104

| 第六章 | 产品本位：新工匠精神的本源 / 113

　　53度是天作之合 / 115

　　没有二十年的茅台 / 120

　　生产线要容得下匠心 / 123

　　茅台是个艺术品 / 126

目 录

|第七章| **爱岗敬业：新工匠精神的源动力** / 131

专家治厂：适宜工匠成长的环境 / 133

物质报酬：爱岗敬业的基础 / 137

茅 n 代：上阵父子兵 / 142

|第八章| **体系运作：新工匠精神的方法论** / 147

新工匠需要科学的武装 / 149

古老而现代的职业：茅台的酒师 / 157

质量出自工人之手 / 166

管原料，还要管空气 / 173

|第九章| **追求卓越：新工匠精神的目标** / 179

大道至简：好产品、好口碑、正向循环 / 181

超越竞争，突显"卓越" / 188

工匠还需愿景引领 / 192

| 第十章 |　中国企业"新工匠精神"的四项修炼／197

　　　　　敬畏质量，坚守信仰／200

　　　　　以人为本，提升技能／203

　　　　　继承传统，科技创新／206

　　　　　追求卓越，发扬企业家精神／209

后　记／213

附录　季克良作品／216

参考文献／219

第一章
工匠精神:时代的呼唤

第一章　工匠精神：时代的呼唤

在茅台整整 51 年的时间里，我没有虚度年华。我将青春与热血挥洒在了这片我热爱的土地上。

——季克良

时代之精神

一个时代的精神，像是一股潜流，常常不在于墙上贴着的、广播电视里天天播放的，以及人们所喊的口号。恰恰相反，现实中总是缺什么喊什么，这确实是一件很吊诡的事情。

新文化运动的首倡者胡适先生写过一篇有趣的短文《差不多先生》，书中生动地描绘一幅当时中国"最有名的人"的画像。

"差不多先生"从生到死，一以贯之地秉承着"差不多就行"的思想。白糖与红糖差不多；陕西与山西差不多；火车时刻 8:30 同 8:32 差不多。最后被兽医医死了，他大彻大悟，感觉生与死也差不多，故人们送给他一个法号，唤作"圆通大师"。①

事实上，对于胡适文中的"差不多先生"，笔者主要是抱着同情的态度。因为胡先生所列举的所有行为都是针对他自己的，如赶火车误点、吃错药，那都是

---

① 胡适. 差不多先生传 [N]. 申报，1924-6-28.

自己倒霉，并没有祸害和针对别人，也没有大范围地作恶。在今天大力建设社会主义市场经济的中国，很多"差不多先生"开始创办和管理企业了。作为产品提供方，他们"差不多"的态度大多是针对别人的，而且对社会的恶劣影响越来越大。

这当然不包括制假售假，因为那是赤裸裸的犯罪。新时代的"差不多先生"所开办的企业生产出的产品和提供的服务不是一眼就看出来的缺胳膊少腿，而是提供一个看上去较为完整的次品。在广告上提出的承诺与实际提供的产品之间常常"差之毫厘、谬以千里"。这种状况经常让客户感觉投诉无门，欲哭无泪。典型的如一些电子产品一过保质期就开始出问题，儿童家具质量不过关、各类用具设计不够人性化等。

在短缺经济年代，消费者对此往往持包容态度。毕竟从无到有，人们的预期普遍被拉得很低。但是发展到今天，中国 GDP 总量世界第二，成为"世界工厂"，物质产品极大丰富，人们普遍开始追求更加美好的生活。如果企业不能适应这一变化，仍然抱着提供了商品就行的态度。最终留给它们的，只能是被淘汰的命运。当然，现实中能否实现这样的优胜劣汰，就看市场是否真正起"决定性作用"了。

无论如何，这种办什么事都"差不多就好"的心态已经与时代格格不入，是时候来革除这一弊病，倡导一种新的时代精神了。

在广大业界和学界人士的呼吁下，"工匠精神"一词终于写入国务院《政府工作报告》，2016 年可算是中国"工匠精神"元年。报告中原话如下："鼓励企业开展个性化定制、柔性化生产，培育精益求精的工匠精神，增品种、提品质、创品牌。"

在 2017 年《政府工作报告》中再次出现"工匠精神"，原文是："大力弘扬工匠精神，厚植工匠文化，恪尽职业操守，崇尚精益求精，打造更多享誉世界的'中国品牌',推动中国经济发展进入质量时代。"

2018年《政府工作报告》:"全面开展质量提升行动,推进与国际先进水平对标达标,弘扬工匠精神,来一场中国制造的品质革命。"

从文字上分析,历经三年,这三句话具有意义和层次上的递进性。2016年的"工匠精神"主要面向微观企业层面。2017年将其上升到国家和社会层面,对工匠精神和文化有所诠释。2018年进一步上升到与国际先进水平对标层面,这样一来,"工匠精神"与"中国制造""供给侧改革"等国家战略形成对接,同时吹响"来一场品质革命"的时代号角。

季克良与茅台的新工匠精神

在新常态环境下国际贸易环境日益恶化。国内企业普遍感受到产业转型升级的压力,很多中小企业干脆直接关门大吉。但茅台[①]却能逆势而上,业绩骄人,实属不易。

今天的茅台如日中天,其收入、市值、利润和品牌等不仅在白酒行业内一骑绝尘,在国内各行业也鲜有其匹。这一切的根源,有人说是品牌竞争力,也有人认为是历史的沉淀,更有人认为它主要得益于"政治酒""外交酒"的特殊身份,离不开官方的追捧。但是,在本书的主人公——茅台原董事长、总工程师、国家级酿酒大师季克良看来,一切都应归因于对质量的坚守,以及由此形成的"工匠精神"。

---

① 在本书中,除非特别指出,"茅台"均指"茅台酒厂"。

季克良：酒魂匠心

客观地说，茅台的历史的确有其特殊性。但是，国内并不乏有特殊性的老字号，特别有很多曾经与之齐名的酒厂，为什么唯独茅台酒厂能够有今天的辉煌成就？茅台的工匠精神与其他企业有何不同，它又是如何炼成的？作为与茅台成长的见证人，季克良先生对此有何独特见解？这些都构成本书的主题。

主人公的闪亮登场，当然少不了一个介绍。老先生一生的经历如此丰富，他在茅台半个世纪的故事，连同茅台酒厂自身的发展，已经被演绎成中国酒业乃至企业史上的一个传奇。他本人曾笑言："我的人生已无秘密"。

在央视亲自代言茅台陈年酒的广告中，他白发苍苍，面容和蔼，脸色红润，精神焕发，俨然成为茅台一张亮丽的名片。事实上，只要稍微关心这个行业发展的人，就无法回避他高峰般的存在。作为开头，笔者只在此择其大端做一素描，更加详细的内容，容笔者后面慢慢道来。①

人物小档案	
姓　　名：	季克良
出生日期：	1939年4月24日（农历三月初五）
籍　　贯：	江苏南通
职　　业：	企业高管、工程师
毕业院校：	1964年毕业于无锡轻工业学院(现江南大学)
主要贡献：	揭开了茅台酒生产的秘密；打造了中国白酒第一品牌；
主要荣誉：	国家级酿酒大师；五一劳动奖章；全国劳动模范；优秀企业家

季克良先生，1939年4月24日出生于江苏省南通市一个农民家庭。1964年从无锡轻工业学院（现江南大学）发酵工程专业毕业后，他与后来成为夫人的同学徐英一起，被分配到地处偏僻的贵州茅台酒厂。在茅台期间，他历任技术员、

---

① 对于季克良充满传奇的一生，感兴趣的读者可以细细阅读唐流德先生所著《酿酒大师》（作家出版社，2000年8月）、季老本人所著《季克良：我与茅台五十年》（贵州人民出版社，2017年6月）等相关著作。对其作品和观点感兴趣的，可参考本书附录中其主要作品目录。

第一章　工匠精神：时代的呼唤

技术科长、副厂长、厂长、总工程师、总经理、董事长、党委书记等职务。到 2015 年 8 月正式退休时，他在茅台的工龄长达 51 年。

从管理的视角，笔者大体将季克良在茅台的经历分为五个阶段。

第一阶段为 1964 年 9 月—1975 年 4 月。他的身份是茅台技术员，是对茅台工艺流程、酿酒规律进行探索和精熟的阶段。1965 年 6 月，他撰写了《我们是如何勾酒的》一文，在国内酒业产生巨大影响。1974 年，他提出提高茅台酒质量的九条经验，奠定了他在茅台的技术权威地位。

第二阶段为 1975 年 5 月—1990 年。他担任技术科长，身份转为技术管理，1981 年任技术副厂长，1983 年任厂长，到 1985 年辞去厂长一职，转为专职的正厂级总工程师。这一时期的工作主要是茅台的技术管理和生产调度，起草了制酒、制曲、包装、勾兑四个主要生产环节的操作规程、注意事项、质量标准、检验制度等。基于全面质量管理思想，不断完善茅台工艺，使之科学化、合理化和规范化。在此期间，总结出茅台酒的十大工艺特点，获得了贵州省科学大会集体成果奖。1985 年，他主持制订茅台酒标准，后来成为国家标准。到这一阶段为止，他仍然是一个技术干部，以技术管理为主。

第三阶段为 1991—1997 年。他再次担任厂长，工作重心开始由资深技术专家向企业经营管理者转变。在质量管理上，提出"四服从"原则，彻底解决了"二次酒不如一次酒""窖的材质之争""曲的颜色之争"和"轻重水分之争"等问题，将茅台质量和酿造技术稳定提升到一个新的高度，企业多次获国家级质量大奖。在深化企业改革方面，他领导兼并习酒，联合遵义啤酒，使企业实行多元化经营。面向市场，他组织开发了茅台年份酒、低度茅台等新产品，提出"离开了茅台镇生产不了茅台酒"等观点,这不仅使茅台酿造技术成为不可替代的企业核心竞争力,更对茅台的品牌形象提升起着关键性的作用。

第四阶段为1998—2011年。1998年,他上任茅台董事长,兼党委书记、总工程师。他的身份和工作逐渐向企业家、品牌和战略管理转向。茅台开始实现公司化、市场化运作,成功树立了茅台新的品牌形象。

茅台股份公司2001年成功上市,为后期发展募集了足够的资金。2003年产量突破万吨,2011年实现了三万吨。同时其业绩突飞猛进,2007年更超越主要竞争对手五粮液,实现市场价值的登顶。这一阶段他的工作已经大部分转为战略管理和品牌管理。

这期间,季克良在茅台可量化的业绩部分体现在表1-1中。

表1-1 茅台集团1998—2011年业绩变化

项目	1998年	2011年	年均增长率/%
产量/吨	5265.00	30060.00	14.17
销量/吨	2102.00	12468.00	14.68
收入/亿元	6.74	242.43	31.73
利润/亿元	1.76	126.70	38.95
税/亿元	2.33	60.40	28.45
上交/亿元	4.09	94.00	27.27
茅台股价	35.05*	190.59(922.90)**	38.69

注:* 2001年10月31日上市收盘价;** 2011年9月30日收盘价(后复权价),增长率按后复权价。
资料来源:季克良《我与茅台五十年》(2017:404),略有补充。

值得一提的是,在中国的国企中,以董事长之身兼任总工程师的,大概只有季克良一人,可见他多么看重这一身份。笔者去茅台访谈时,原来的一名部下评价说,你把季总看成一个技术型、有人格魅力的领导就行。体现在他身上最为突出的,大概就是"工匠精神"了。

第五阶段为 2011—2018 年。他担任名誉董事长、技术总顾问,集团和股份公司董事,2015 年退休后,继续担任名誉董事长至 2018 年 9 月。这一阶段主要从茅台的具体事务中脱离出来,参与决策,为茅台品牌代言,为中国酒业发言,承担社会责任。

对"工匠精神"的不同理解

人们对于"工匠精神"这个词本身,有着如同梦幻田园般的想象。尤其是对传统工匠那种雕琢精神,总会不自觉地为它蒙上一层神秘的面纱,似乎可望而不可即。随着工业化大机器生产时代的到来,有更多人在叹息它的逝去。

当前对于"工匠精神"已经有大量的论述。

先来看一般的理解,认为"工匠精神"是工匠对自己生产的产品精雕细琢、精益求精,追求完美和极致的精神理念。① 这显然是其原始的字面含义,相对狭窄。

对于工匠的意思,《说文解字》对"匠"字是这样解释的,"木工也。从匚从斤。斤,所以作器也",匚 (fāng) 是指盛放工具的筐器。对"工"的解释:"巧饰也。象人有规矩也。与巫同意。凡工之属皆从工"。二者合在一起首见于《逸周书·文传》:"山以遂其材,工匠以为其器,百物以平其利,商贾以通其货。"② 结合上

---

① 付向核,孙星. 解读德国工匠精神,创新中国工业文化 [J]. 中国工业评论,2016.6.
② 意思是:山上因此长成了大树,工匠把它打造成家具。百业利益得以平均,商贾货物得以流通。

下文，这里的工匠专指木匠。以后工匠的意义逐渐泛化，可以代指铁匠、泥匠等。按此理解，"工匠精神"应是指从事手艺的人所具有的遵循规矩、一丝不苟、技艺精进的意思。

百度百科的定义："工匠精神"是一种职业精神，它是职业道德、职业能力、职业品质的体现，是从业者的一种职业价值取向和行为表现。"工匠精神"的基本内涵包括敬业、精益、专注、创新等方面的内容。这一界定可能源自徐耀强 2017 年发表在《红旗文稿》杂志中的《论"工匠精神"》一文，将"工匠精神"的内涵进行了拓宽。查阅知网上的国内相关论文，多数与这一理解相近。

管理学家对工匠精神也有很多表述。比较有意思的是管理学大师彼得·德鲁克在《管理实践》（1954）一书中讲到一个寓言故事，有人问三个正在干活的石匠他们在做什么。第一个石匠回答："我在养家糊口。"第二个石匠边敲边回答："我在做全国最好的石匠活。"第三个石匠仰望天空，目光炯炯有神，说道："我在建造一座大教堂。"

彼得·德鲁克在书中的意思是说作为一个管理者不能像第二个石匠那样，仅仅沉浸在自己的技艺中，而要学习第三个石匠，手上干着活，心中有愿景和总体目标，能够看到大图景。他认为对于一个企业来说，技艺精良的工匠当然是必要的，但各专业部门技能的发挥，必须与整个企业的需要联系在一起。从目前对"工匠精神"的理解看，似更接近第二个石匠的想法。

据德国科隆大学学者罗多夫的总结，德式工匠精神的一个特点是"慢"，也就是慢工出细活，对德国人来说，"欲速则不达"——稳健第一、速度第二。这体现在德国很多企业的实践中。第二个特点是"专"。德国约有 370 万家企业，

第一章 工匠精神：时代的呼唤

其中95%是家族企业，不少是世界某一工业领域的"隐形冠军"，专注于某一产品，将其做到极致。第三个特点是"创新"。在德国，即使一些小企业也有自己的研发部门。后面两条没有问题，但对照当前互联网时代要求面向客户快速做出反应的现实，这种强调"慢"的工匠思维在国内已然成为一种稀缺品。

美国专栏作家亚力克·福奇（Alec Foege）2012年出版的畅销书 The Tinkerers，2014年被国内翻译者很讨巧地译成"工匠精神"。书中指出："Tinkerers"并不单指手艺人，还有使用现成的技术工具利用创新精神解决各种问题的发现者和发明家。事实上，如果认真阅读该书，就会发现，无论从原义还是引申义，"Tinkerer"是指喜欢修修补补的、不一定以匠人为专业和职业的人。书的副标题分明写着：让美国变得伟大的业余爱好者、喜欢自己动手者和发明家们，它与工匠（Craftsman）的含义有交集，但是与今天中国要讨论的"工匠精神"相比，意思上并不吻合。

意大利博洛尼亚大学两位教授奇马蒂（Cimatti）和坎帕纳（Campana）回顾了农业社会以来工匠精神的演变，将工匠精神要素归纳为七个方面：区域和历史、文化传承和传统、制造诀窍和手艺职业（Art Professions）、手工劳动和塑造能力、材料知识、技术和创新、产品的个性化。特别值得注意的是前面两条，作者的解释如下："人群的智慧产生并发展于特定区域，这本身就成为一种值得保护和发掘，并应被视为跟黄金和石油同样宝贵的基本价值。……古老的技艺历经数世纪，应作为对工艺品的原始记忆，使人们保持手工制品的无穷魅力"[1]。

---
[1] Barbara Cimatti, Giampaolo Campana. The Value of Craftsmanship in Manufacturing and Related Organizational Models [J]. International Journal of Organizational Innovation, 2015, 7(4): 7-16.

最后，来看文化学者许纪霖教授的观点。他提出了有关工匠精神的三个方面的内涵：（1）专业精神是"工匠精神"的原点。"工匠精神"和"志业"有关，能够满足人的内在利益。"志业"一词来自马克斯·韦伯，有别于一般所说的"职业"。（2）信仰是工匠精神的灯塔，工匠逻辑是要把产品做成艺术，达到完美和极致。其最高境界就是游戏，用一种喜悦的方式来欣赏自己的努力。（3）卓越是工匠精神的追求。这种实现首先要从教育入手，整个社会要形成尊重工艺、尊重工匠、追求专业品位的好风气。①

现代工匠精神实践者：德国和日本

不同国家对于工匠精神的理解存在种种差异。但是，工匠精神的实践，全球最为典型的，非德国、日本两国莫属，其他国家如瑞士、美国、意大利当然也有提及。以下仅以德国和日本为例加以说明。

德国

今天的德国已经成为态度严谨、一丝不苟的代名词。"德国制造"几乎就等同于品质的保障。其国内为数众多的隐形冠军已经是众所周知。② 这里有几个与中

---

① 许纪霖. 从文化角度解读"工匠精神"[N]. 新华日报，2016-9-21（15）.
② 赫尔曼·西蒙. 隐形冠军[M]. 北京：经济日报出版社，2005.

第一章　工匠精神：时代的呼唤

国有关的例子。

一是兰州黄河第一大桥，1906年由德国泰来洋行承建，1909年通车。经历冰凌、洪水、地震和战火等不同恶劣情境的考验，至今大桥巍然屹立。最为严峻的考验包括1949年解放兰州时，桥上木板被战火全部烧毁，钢制件也被子弹打得通红。1989年，就在与德国人合同到期的前几天，一艘自重260吨的满载船只失控撞上了桥墩，黄河水汹涌冲击岸堤，全兰州都感到了震撼，可80岁的大桥整个桥身依旧安稳如常。工程人员在维修时发现，整座大桥260余万颗螺钉严丝合缝，无一松动。① 更为令人称奇的是，在经历20世纪80年的风风雨雨，政权更迭，德国泰来洋行甚至已经注销的情况下，1989年兰州市政部门竟然收到了一封从德国寄来的函件，正式宣告原泰来洋行当年和清政府兰州道订立的契约到期，德方从此不再对这座铁桥承担任何责任。这封信应该是洋行老板的后人所写。这一故事无疑还可以作为契约精神的典范。

第二个例子是德国人在1898—1906年期间建设的青岛下水道工程，100多年来排水系统经受住了考验，让青岛成为"中国最不怕淹的城市"。据统计，德租青岛17年，共敷设污水管道31808米，雨水管道36855.55米，混合式管道9282.6米，占老城区下水管道的45%左右。随着青岛城区的扩大，其所占比例虽然不高，但意义重大，奠定了近代青岛城市排污系统的基础。据说，当年青岛建城100周年，中德交流的时候，中方和德国公司联系过，对方确实有当年建设的图纸和说明。这一工程的优势在于：一是全国唯一的雨水和污水分离。在一定程度上缓解了雨水通道的压力，减少雨水通道被堵塞的概率。二是建筑的强度很高。

---

① 引自陈启文的新浪博客文章《谁能改写历史》。

经过了上百年依然在使用中，足以说明当年建造者对工程的要求是多么严格。三是下水道里的空间相当大，里面开面包车绰绰有余。四是这段管网的底部都贴着光滑的瓷片，使得水流能够快速流过，污水中的淤泥和杂质也能被一起冲走。

与德国人有关的青岛啤酒也有类似的故事：青啤集团有一个博物馆，里面有一套1903年德国西门子公司制造安装的啤酒制造设备。至今110多年过去了，这套设备仍然可以与当初一样生产鲜美啤酒。制酒设备长期与液体打交道，100多年后仍可正常使用真是一个奇迹。西门子公司曾提出高价回购，但被青啤婉拒了。

在历史上，"德国制造"（Made in Germany）也曾有一段不佳的历史。19世纪后半期，作为刚刚统一不久的后发国家，德国制造业远远落后于英国。为了能占领更大的市场，政府鼓励和纵容制造商剽窃英国的顶尖技术，在自家产品上打上英国商标，以次充好。为此，英国议会特别在1887年修改《商标法》，要求所有进入英国本土和殖民地市场的德国进口货物必须注明"德国制造"。德国人颇感耻辱，由此奋发图强，终于在第二次工业革命时迎头赶上，超越了英国。[1]

德国人的"工匠精神"，国内学者将其归纳为多个主义，包括标准主义、精准主义、完美主义、守序主义、专注主义、实用主义和信用主义等。这些特征的形成，背后有深刻的宗教、经济、社会、教育等原因，可以归结为以下几个方面。

一是德国人的信仰与尽责工作、敬业守信有着内在联系。早在中世纪，德国就有了"工匠"的职业，指技艺高超的手工业者，被称为师傅（Master）。师傅向学徒传授行业技术工艺和职业道德，并且为学徒解决就业问题。当学徒完成一个周期的工作任务之后，通过行业协会的考试，行会根据考试结果和师傅的评语决

---

[1] 曹祎遐. 创新：工匠精神的延伸[J]. 学习月刊, 2016.9.

定是否给予其晋升为工匠的资格。由此可见，德国人虔诚的信仰和职业伦理客观上促进了工匠精神的诞生。①

二是德国科技昌明，第二次世界大战前曾是全世界的科学研究中心。德国人思辨能力强，出了许多享誉全球的伟大哲学家，如康德、黑格尔、马克思、尼采、海德格尔等。这种科学和哲学的基础让德国养成了讲究精确、精准的态度。德国大企业如拜耳、巴斯夫所设立的工业实验室，浓厚的工程师文化，是其能在第一次世界大战前超越英国的核心动力。德国早在1917年就成立了德国标准化学会（DIN），协会下设77个标准委员会，3400个工业委员会，分别为各行各业制定标准，涉及机械制造、电气工程、环境保护、建筑和民用工程、服务和管理等制造业各个领域，而标准的输出巩固了德国工业强国的地位。

三是德国的经济体制有助于工匠精神的形成。德国经济和社会制度的核心是促进和保障个人首创性与自主性。私有产权、契约自由、诚实守信与承担责任是市场经济的基本原则。德国历史上有过两次国家集中管理经济的实验（第一次世界大战前后与纳粹统治时期），给德国人民带来了灾难性的后果。因此，战后德国通过制定《反对限制竞争法》维护竞争秩序，消除经济权力对个体创造性的损害。同时，政府还通过《公司法》《企业基本法》《企业雇员共同决策法》规范企业的治理结构，为发挥企业家精神与团队合作奠定了基础。德国创新型中小企业往往植根于地方土壤，是地方经济的稳定器，而德国区域性储蓄银行与合作银行制度为这些企业提供了良好的融资环境。

四是富有特色的"双元制"职业教育。"双元制"是公办职业学校与私人企

---

① 李云飞.德国工匠精神的历史溯源与形成机制[J].中国职业技术教育，2017(27):33-39.

业合作开展职业教育的模式。其中一元是指职业学校，由政府主导，遵循《州学校法》，依据各州统一的教学计划进行教学，由州教育与研究部管理，主要职能是传授与职业有关的专业知识；另一元是企业主办的校外实训场所，主要职能是让学生在企业里接受职业技能方面的专业培训。每年参加职业教育培训的企业都会公布岗位的类型和数量，并与招收的学生签订用工合同，费用也基本是由企业支出，类似于中国的委托培养。参加职业教育的学生每周至少要在企业培训三天，剩下的时间在学校上课。[1] 如此循环往复，学生的理论和实践能力得到有针对性的提高，大学毕业后与企业几乎能做到无缝对接，不需要适应和过渡期。由于培训内容完全是根据企业需求来进行，这直接产生的结果是，职业学校毕业的学生几乎不存在失业问题。

日本

　　日本是世界上另一个被公认为具有工匠精神的国家。日本除了具有世界影响力的企业较多，创新能力较强，还有一个重要特点是企业寿命长。根据日本经济大学经营学院院长后藤俊夫2014年的统计：日本超过100年的企业排名世界第一，为25321家，是排名第二的美国的两倍还多（见图1-1），而且排名世界最古老企业的前八位都是日本企业。在这种长寿背后，有其深刻的制度和文化因素，其中注重家业传承的工匠精神是日本的一个重要文化因素。

---

[1] 韩凤芹，于雯杰. 德国"工匠精神"培养及对我国启示——基于职业教育管理模式的视角[J]. 地方财政研究，2016（9）:101-106.

第一章　工匠精神：时代的呼唤

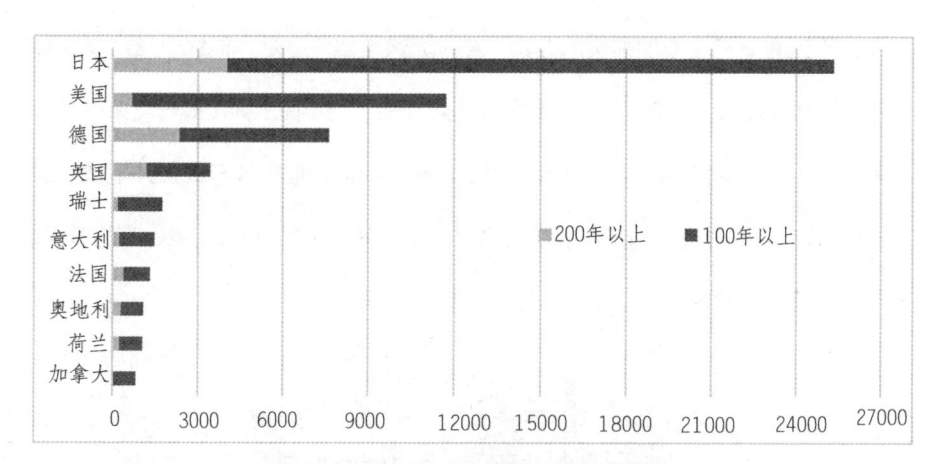

图 1-1　拥有长寿企业最多的国家排名

日本人做事以认真细致著称，到了令人叹服的地步。

·永不松动的螺母

哈德洛克（Hard Lock）工业株式会社位于大阪，成立于 1974 年 4 月，是一家仅有 89 名员工，2018 财年销售额约为 20 亿日元（相当于人民币 1.24 亿元），其规模只能算一个小公司，但是他们却生产出了一种"永不松动的螺母"。这种螺母（螺丝）可以应用于对部件衔接有高要求的设备上，如高铁、航天等领域。高速行驶的列车，持续与铁轨摩擦，造成的震动是一般的螺母难以承受的，很容易松动脱落，严重时会导致列车解体。

公司创始人若林克彦早年在大阪举行的国际工业产品展会上，看到一种防回旋的螺母。他带了一些样品回去研究，发现这种螺母是用不锈钢钢丝做卡子来防止松动的，结构复杂价格又高，而且还不能保证绝不会松动。到底该怎样才能做出永远不会松动的螺母呢？若林克彦为此彻夜难眠。

有一天，他路过自家附近的住吉大社时，受到神社入口处高大的牌坊结构启发，想到在螺母中增加榫头的办法。经过无数次实验之后，他终于做出了这种永不会松动的螺母。哈德洛克螺母结构（见图1-2）比市面上同类螺母复杂得多，成本更高，销售价格更是比其他螺母高了30%。因此，他的螺母最初并不被一般客户所认可。可若林克彦相信总能找到愿意为此埋单的客户。在公司最困难的时候，他甚至通过兼职来维持公司的运转。

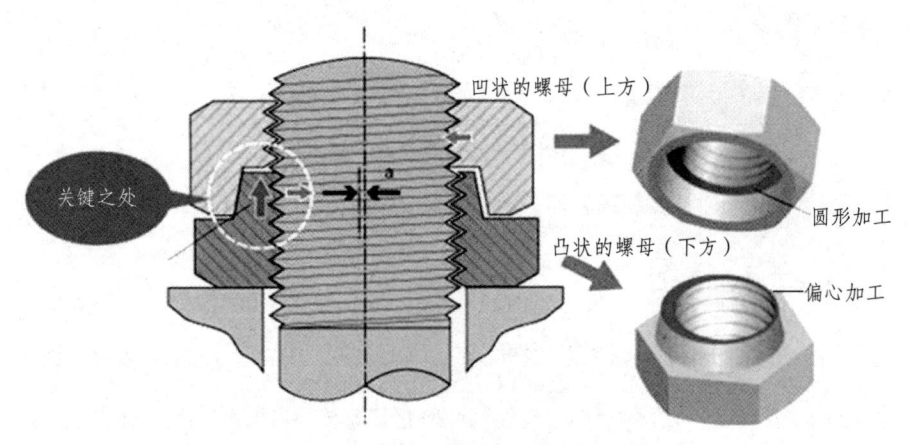

图1-2 哈德洛克网站公布的螺母结构

资料来源：哈德洛克官网。

市场的转机终于出现了，当时日本的许多铁路公司正在苦苦寻觅这种不会松动的螺母。若林克彦的哈德洛克螺母获得了一家铁路公司的认可并与之展开合作，随后更多的包括最大的日本铁路公司都纷纷采用了哈德洛克螺母。为了这一天，若林克彦花了漫长的20年。如今，以日本新干线为代表，哈德洛克螺母已被澳大利亚、英国、德国、中国、韩国的铁路所采用。此外，它也在其他领域找到了客户，如发射塔、跨海大桥、风力发电机、核电设备、航天等多个领域。世界最高的自立式电波塔"东京晴空塔"、美国的太空梭发射台、海洋钻探机等，都采用了哈

第一章　工匠精神：时代的呼唤

德洛克螺母。

若林克彦的座右铭是"创意使人幸福"。他说，很多人认为螺母（螺丝）属于"低科技"行业，不管如何做，好像都没有提升空间。"然而，即使是'低科技'的产品技术，只要孜孜不倦地努力，依然可以和其他公司形成差异化。即便像我们这样极普通的公司，在这个领域也仍然可以做到世界第一。之所以这样说，是因为世界上的东西都是不完美的，所以当然都有继续改进的空间。无论做什么，我们只要努力，就都有机会。"①

·寿司之神

食、色，性也，日本人把这两方面都做成了世界顶级。

2011 年，美国人大卫·贾柏制作了一部《寿司之神》（*Jiro Dreams of Sushi*）的电影，以其强烈的艺术渲染力讲述了日本东京银座办公大楼地下室的米其林三星级寿司店：数寄屋桥次郎（Sukiyabashi Jiro）的故事。

这家寿司店老板小野二郎生于 1925 年 10 月，他 7 岁开始学厨，1965 年在东京银座开创这家寿司店，门店只有十个座位。虽然已是 90 多岁高龄，但他几十年如一日，坚持高标准为客人制作寿司，达到一个"美味的巅峰时刻"。尽管需提前一个月订位，用餐 15 分钟，人均消费四百美元（最低消费三万日元），但吃过的人无不感叹，这是"值得一生等待的寿司"。

鲜红色的鲔鱼置于醋米上，小野二郎以严谨的态度握寿司，向顾客呈现一个完美的产品。他对顾客观察得非常仔细，会根据性别调整寿司大小。他会记得客

---

① 若林克彦. 绝不松动的螺丝：小企业成为世界第一的方法 [M]. 陈涤，译. 北京：中信出版社，2012.6.

人的用手习惯，调整寿司摆放位置。在制作过程中，他显得分外冷静、严肃，其举手投足都具有仪式一般的庄重感。导演贾柏在影片中配上富有节奏的交响乐，令人不由想起庄子对庖丁的描述：合于桑林之舞，乃中经首之会。

数寄屋桥次郎学徒的经历艰难而漫长，所有的学徒要先从学会拧烫的手工毛巾开始。逐步着手处理和准备食材，10年过后，才会让你煎蛋。这种苦修显然不是常人能想象的。一位学徒说："我练习煎蛋一天最多的时候有4个，3到4月后做了200个失败品。"直到二郎最终点头默许时，他不由激动到泪下："我终于被称为是一个真正的职人，这是我最终努力的成果。"

伟大工匠都会以最虔敬的态度一心提升自己的技艺，饱含热情，对于产品，他们都是完美主义者。小野二郎永远以最高标准要求自己和学徒，为了保护创造寿司的双手，他在不工作时总是戴着手套，连睡觉也不懈怠。"我从来不曾厌恶这份工作，我爱我的工作，一生投身其中，纵使我已经85岁了，我还不想退休。即使到我这年纪，工作了数十年，我依然不认为自己已臻至善，但我每天依然感到欣喜，我就是爱捏寿司，这就是职人的精神。"小野二郎在接受访问时如是说。

小野二郎强调自己是一个真正的职人——找到最好的食材，用自己的方式处理，使其臻于至善。不惜任何代价，只为做到最好。重复一件事情，使之更加精益求精，但永无止境。"没有人知道真正的巅峰在哪里"，小野这样感叹道。[①]

德国和日本能够形成为世人所称道的工匠精神，原因是多方面的。但临渊羡鱼，不如退而结网。毕竟工匠精神是干出来的，而不是谈出来的。在工匠精神培育方面，中国能否如GDP总量增长一样，步德日后尘，甚至超越它们？

---

① 引自大卫·贾柏《寿司之神》。

第一章　工匠精神：时代的呼唤

这是一个时代的叩问。

新加坡学者郑永年 2018 年曾在《联合早报》上撰文对比过中国与日、韩的技术和经济发展历程。他提出同为亚洲国家，日韩与中国的差别在于：第一，虽然日本和韩国原创性的技术也不是很多，但它们重视质量，精于应用，并在此基础之上有很大的改进，制造出来的产品甚至超越西方。第二，这些国家基本上采用了西方的制度，尤其是科研制度方面。主要政治精英都接受了西方教育，形成了西方式思维方式。在中国历史上"士农工商"的社会结构里，"工匠"是被瞧不起的，精神也无所寄托。人们一直在呼唤"工匠精神"，但在缺失文化和制度环境的情况下，很难产生。

在这一背景下，茅台作为工匠精神的中国样本，其经验就显得弥足珍贵了。

第二章
季氏"新工匠精神论"

第二章 季氏"新工匠精神论"

每当穿越时空迷雾，徜徉于记忆中那些跌宕起伏的往事，激情中往往会忽生无限感慨。而那些历经岁月激流冲刷的经验智慧，又如回望来路时，曾引领我们穿越迷航的灯塔，散发柔亮光芒，历久弥新，显示它的力量与存在必要性。

——季克良[①]

多次与季克良面对面沟通的过程无疑是令人心生愉快的。他是那么慈祥、谦和、儒雅，有如家中的老人对待晚辈的亲切，让人有如沐浴春风之感；而当谈到他与自己钟爱一生的茅台酒时，又不禁让人产生如高山仰止般的惊叹。笔者只想在此引用《荀子·法行》中记载孔子的话："夫玉者，君子比德焉。温润而泽，仁也。"

在季克良身上，可以看到多股精神力量的交互作用：一是中国传统文化，尤其是儒家文化对他的熏陶，让他拥有了强大的家国情怀和产业报国思想；二是马克思主义辩证法思想的影响，包括其在中国的具体实践，如毛泽东思想、邓小平理论、三个代表、科学发展观、习近平新时代中国特色社会主义思想等，这是中华人民共和国成立以后不同时代的主流意识形态。作为国企领导，季克良能够取其精华，创造性地采纳它们并将其广泛应用于生产和管理工作之中；三是在大学受到的科学教育，让科学思想、理性精神、严谨作风在他脑海中深深扎根。

[①] 季克良. 让历史告诉未来——梳理茅台国营一甲子所得[N]. 贵州日报，2011-9-16（2）.

工匠精神探源：墨儒勾兑

《周礼·考工记》是研究古代中国技术最重要的文献，它起源于战国时期齐国的官书。其中详细介绍了"百工"，也即今天所说的工匠，最重要的一段话如下。

"国有六职，百工与居一焉。……坐而论道，谓之王公。作而行之，谓之士大夫。审面曲势，以饬五材，以辨民器，谓之百工。通四方之珍异以资之，谓之商旅。饬力以长地财，谓之农夫。治丝麻以成之，谓之妇功。知者创物，巧者述之守之，世谓之工。百工之事，皆圣人之作也。烁金以为刃，凝土以为器，作车以行陆，作舟以行水，此皆圣人之所作也。天有时，地有气，材有美，工有巧；有此四者，然后可以为良。……"①

这段话对百工的评价非常高，认为它融合天、地、材、工四个方面，具有创造性，乃是圣人之作。从这点看，它与士大夫应该是可以平起平坐的。但是很可惜，这并未能成为后来的主流思想。

中国古代诸子百家之中，对后世影响最大的有儒、道和墨等。道家的影响虽大，但由于其倡导出世的思想，与现世的工匠可谓格格不入。在《庄子》一书记载的各类工匠，他们所具有的工匠精神很多情况下带有一些"玄幻"的成分，是一种寓言，当不得真。庄子在"庖丁解牛"中明确提出"所好者道也，进乎技矣"，

---

① 李约瑟. 中华科学文明史（第四卷）[M]. 上海交大科学史系, 译. 北京：上海人民出版社，2003, 7: 5.

意思是庖丁实际上所追求的是道，眼前是牛还是一个其他什么物事，并不重要，这明显超越了技术的成分。当然也有人提出道家后来的炼丹术是化学的前身。但同样是炼丹，西方人从中获得的是化学真知，而中国古代的多位皇帝找道士来炼长生不老药的故事，与科学技术探索没什么关联。因此笔者倾向于认为，道家所强调的工匠精神与现世的工匠精神存在着一道明显的鸿沟，基本可以存而不论。如果非要套用，只能称为"超越性的工匠精神"。

· **墨子首创工匠精神**

墨子和另一位主张极端个人主义的杨朱在战国时看来影响较大，这从孟子的话中可以看出："杨朱墨翟之言盈天下。天下之言，不归杨则归墨"。

墨家是我国科技思想的源头[①]，也是工匠精神思想的源头。因墨子本人是农民出身，并精通木工。其最主要的观点是"兼爱、非攻、节用、尚贤"等。他曾自诩说"上无君上之事，下无耕农之难"，是一个同情"农与工肆之人"的士人。

当代哲学家周国平曾说过，知识论即知识的可靠性，是中国传统哲学最薄弱的环节之一。即使讨论也偏于知行关系问题，而知识论正是现代科学技术的来源。他认为这是中西哲学的重要分歧之一。

就笔者看来，周国平先生所说"传统哲学"主要讲的是儒家，而忽视了墨家。墨子在认识论上有其贡献，今人称之为"朴素唯物主义经验论"，一言以蔽之，即"眼见为实"，已经有科学的萌芽，可以与后来西方哲学家培根提出的经验论、归纳法相对照。所以后人也有提出，如果顺着墨子的道路走，中国或许能够产生

[①] 为了纪念这位伟大的古代哲学家和科学家，2016年，我国首颗量子通信卫星以"墨子"命名。

现代科学也未可知。对墨家科学思想最有名的评价当来自英国人李约瑟（Joseph Needham，1900—1995）。

道家可能会谈论自然界的奇妙的瑰丽，阴阳家可能会提出对自然现象的一般性的解释，名家可能会争辩讨论问题的恰当的方法，但是只有墨家才真正拿起镜和光源仔细观察所发生的现象。[①]

李约瑟还提出，墨子关于光学的研究，"比我们所知的希腊的情况为早"，这句话有一个注脚赫然写着："显然印度亦不能比拟"。

墨子的知识论主张，人的知识来源可分为三个方面，即闻知、说知和亲知。他把"闻知"又分为传闻和亲闻二种。但不管是传闻或亲闻，在墨子看来都不应当是简单地接受，而必须亲自试验，对其进行消化并融会贯通，使之成为客观的知识。可以看出，这种思维正是开展学术研究所需的独立思想和批判精神。

现有墨子研究中都提出他对数字、物理、工程技术的贡献。这其中自有其朴素的、纯粹的科学贡献，但是从工匠精神的视角看，笔者认为墨子这三方面的贡献仍然具有实用性导向。如他提到关于"倍"的定义："倍，为二也。"这是一种计量和算术。他提出了圆与正方形的定义，以及杠杆定理，就与农业丈量和工艺制作的精确性直接相关，具有实用价值。这些与西方柏拉图所倡导的"理想型"，具有本质的区分。

最为典型的是墨子对声音的传播研究，他发现井和罂有放大声音的作用，就教导学生如何在军事上加以巧妙地利用：在守城时，为了预防敌人挖地道攻城，

---

① 李约瑟. 中国科学技术史（第四卷第一分册：物理学）[M]. 陆学善，等译. 北京：科学出版社，2003：74-81.

第二章 季氏"新工匠精神论"

每隔三十尺挖一井,置大罂于井中,罂口绷上薄牛皮,让听力好的人伏在罂上进行侦听,以监知敌方是否在挖地道,地道挖于何方,而做好御敌的准备。[①]

墨子是一个能工巧匠,可与当时的公输般(鲁班)相媲美。这在《公输》一文有简要的记载,鲁迅先生对此进行了生动的改编。

墨子却解下自己的皮带,弯作弧形,向着公输子,算是城;把几十片木片分作两份,一份留下,一份交与公输子,便是攻和守的器具。

于是他们俩各拿着木片,像下棋一般,开始斗起来了,攻的木片一进,守的就一架,这边一退,那边就一招。不过楚王和侍臣,却一点也看不懂。

只见这样的一进一退,一共有九回,大约是攻守各换了九种花样。这之后,公输般歇手了。墨子就把皮带的弧形改向了自己,好像这回是由他来进攻。也还是一进一退地支架着,然而到第三回,墨子的木片就进了皮带的弧线里面了。[②]

据称墨子曾花费 3 年时间,精心研制出一种能够飞行的木鸟(风筝、纸鸢),只是不知道有没有试过空中飞人。同时,他也是一个制造车辆的能手,可以在不到一日的时间内造出载重 30 石的车子。他所造的车子运行迅速又省力,且经久耐用,为当时的人们所赞赏。另外,墨子在著作中还详细地介绍了城门的悬门结构,城门和城内外各种防御设施的构造,弩、桔槔和各种攻守器械的制造工艺,以及水道和地道的构筑技术等。很明显这些都有军民两用的特性。

墨家还有一个值得一提的特点是其不迷信古人的创新精神。墨子不同意儒家"信而好古,述而不作",主张"述而又作"。他认为,应该继承古代文化中善

[①] 原文是:令陶者为罂,容四十斗以上,固顺之以薄口革,置井中,使聪耳者伏罂而听之,审知穴之所在,凿穴迎之。(《墨子》,第 62 章"备穴")
[②] 鲁迅.非攻,选自《鲁迅全集(第二卷)》《故事新编》[M].北京:人民文学出版社,2005,11:468.

的东西，又要创造出新的东西，使善的东西日益增多，"吾以为古之善者则述之，今之善者则作之，欲善之益多也"（《墨子·耕柱》）[1]，这种主动意识被认为是工匠精神的很好体现。

墨家的影响到秦始皇一统六国之后戛然而止。这样一门在春秋末期形成、横跨整个战国的大众学说，突然间就湮没无闻了，是历史上一大谜团。西汉司马迁在写《史记》时，都在感叹墨家的资料太少。这既可能是由于秦代专制统治者对民间组织（墨家还带有军事性）的打击，也可能是墨家自身的解体所致。墨家后人的身份有可能转化为游侠、兵家或民间工匠了。

·儒家工匠思想的大融合

相比于墨家，作为统治中国两千多年的主流，儒家对于工匠的态度多有转变，在历史潮流的推动下，最终融汇百家之长，加以贯通，成为中国文化的主流。现代有一些人把中国人缺乏工匠精神归因于儒家的消极影响，认为它重文轻理；重清谈，不务实。貌似有理，实则大谬矣。

孔子的教育理念是"有教无类"。在他的学生中就有为学的颜回、当官的冉有、从商的子贡、务农的樊须等。在他心中，"好学近乎仁"，没有什么人是不可教的。但是，孔子的教学是培育以天下为己任的"士"，他确也曾说过从事农耕是小人。他这一想法，由后来的孟子加以发挥。

孟子提出了一个有名的观点："劳心者治人，劳力者治于人"。有人据此说孟子是在歧视被治者和劳力者，这是不准确的。作为提出"民为贵"的思想家，

---

[1] 薛栋.论中国古代工匠精神的价值意蕴［J］.职教论坛，2013（34）.

第二章　季氏"新工匠精神论"

孟子的原意是要回应农家的挑衅。后者认为君王要和百姓同耕作，亲力亲为，才可称为"贤"。孟子反驳说：社会不同人群各有其分工，如果人什么都要靠自己去生产，那就只会疲于奔命。用现代的话说：没有人是一座孤岛。治与被治反映的是一种社会现实。治者要以劳心为主，被治者以劳力为主。① 在现代知识经济年代，当多数人成为劳心者的时候，这一点就更好理解了。

从儒家一脉发展来看，最初确实是主张"学成文武艺，货与帝王家"。但在宋明之后，至少从阳明心学开始，以"知行合一"为其根本，并无轻视工匠之意。以宋代为例，皇帝主张与士大夫共治天下，开国宰相赵普号称"半部论语治天下"。宋代官家对读书人的好是公认的，为官的俸禄是有史以来最高的朝代。这造就一个经济上最为繁荣的朝代，体现在农、工、商的全面协调发展，被生动地记录在《清明上河图》之中。这表明皇家与士人只要分工得当，兼容并蓄，吸收和融合各家之长，就会有利于经济和社会发展。

儒家没有抑制工匠的发展的证据还可见于明清"士商合流"的趋势。余英时先生反驳那些认为儒家社会不重视商业的观点。他提出儒学在明清出现转向是由于科举名额的下降，出现"弃儒就贾"的风气。余先生还发现，16世纪以后，儒家在"义利之辨"发生了突破，认为为自己谋利的商人同样符合"义"，提出"夫商与士异术而同心"②。大学者顾宪成在同乡商人倪程的墓志铭中也提出"以义主利，以利佐义，合而相成，通为一脉。人睹其离，翁睹其合。此上士之所不能訾，

---
① 原文是：有大人之事，有小人之事。且一人之身，而百工之所为备。如必自为而后用之，是率天下而路也。故曰：或劳心，或劳力；劳心者治人，劳力者治于人；治于人者食人，治人者食于人，天下之通义也。（《孟子》，滕文公章句上）
② 李梦阳（1473—1529）．明故王文显墓志铭．转引自：余英时．儒家伦理和商人精神［M］．桂林：广西师范大学出版社，2004.4.

而下士之所不能测也"。

如果儒生可转向原位列末流"商",与之合流,那认为儒家轻视工匠的观点就更难站得住脚了。笔者大胆推测,"士""工"也有合流的可能,后来的儒家日益融合了工匠精神。其理由如下。

宋代理学家程伊川将"涵养须用敬"视为立教的第一要旨,大力发扬儒学中"敬"的工夫。他认为"敬"不仅仅是"存心养性",而是成就此世之事的精神凭借。《二程语录》提出"君子之遇事,无巨细,一于敬而已……然则执事敬者,固为仁之端也。推是心而成之,则笃恭而天下平矣"。意指人之处事需要心怀恭敬、敬畏之心,只要有了这种心,就是仁者,可以保天下太平。

大儒朱熹这样解释"敬":"敬不是万事休置之谓,只是随事专一,谨畏不放逸耳",表明它是人们在入世活动中的一种全神贯注的心理状态。余英时先生认为这是中国社会上所强调"敬业"精神的由来,与新教伦理相对照,是新儒家伦理中一种"天职"观念。[①]

王阳明倡导"良知说",并提出"满街都是圣人",很大程度上融合了禅宗的思想,带有宗教的性质。这让儒家不再只想到"货与帝王家",面向的对象开始下沉,从一直以来面向君王,回归平民教育,成为一种大众的、包容的哲学。从阳明的学生来看,有商人王艮、樵夫朱恕、陶业匠人韩贞等普通民众,这似乎回到了孔子时代。这样的儒家可以理解为以"致良知"重新赋予各行各业新的精神,当然不能说是轻视其他工种。

儒家思想并非没有历史局限性。在农业社会中,站在"以天下为己任"的立场上,

---

① 余英时. 儒家伦理和商人精神[M]. 桂林: 广西师范大学出版社, 2004: 274.

"无农不稳"的思想根深蒂固,而且农民忠厚老实,不便迁徙,利于稳定的统治。要治理天下,其他职业的重要性当然要排在农民之后。但是,农民没有受过教育,必然是需要被指导的。因此,儒家将民划分为"士农工商"四个等级在当时有其合理性。后来出现的"三教九流"的概念,已经远远突破这一划分。有关"上九流"的一个版本是:帝王、圣贤、隐士、童仙、文人、武士、农民、工匠、商人。在中九流和下九流中很多职业其实是匠。所以工匠虽然不是末流,但社会地位不高是显然的。

由此观之,中国工匠精神的源头是墨家,但是由于儒家为统治者所用,长期占据主导地位。随着墨家学说的湮没无闻,中国科学精神始终不彰,工匠在历史上地位不高。到明清时期,儒家出现平民化转向之后,逐渐对工匠有一个改造,倡导"致良知",即品德为本位的工匠精神,这象征着墨家与儒家的融合,二者像陈年老酒一样勾兑在一起,共同对后来的工匠精神产生影响。

近代"实业报国"思想

近代以来,中国几千年的专制统治在外部的强大冲击下,闭关锁国的清朝皇权在风雨飘摇中度过了70多年的屈辱史(1840—1911年),最终崩溃。期间经历以强军和振兴民族工业为目标的洋务运动,力图走上层路线以君主立宪、政治改良为主的戊戌变法,最后终以武装起义的辛亥革命结束。

1894年7月,甲午中日战争爆发,慈禧太后从颐和园移驾紫禁城,满朝文武

季克良：酒魂匠心

百官出城迎驾。当日适逢暴雨，官员个个匍匐路旁，衣帽尽湿，两膝泡在水里。其中有一位大臣是张之洞的堂兄张之万，已年过八旬，因久跪不能起身。而慈禧乘轿经过时，竟视若无物。一位新科状元见此状况，心如死灰。多年后他说，就在那一刻，"三十年科举之幻梦，于此了结"①。由此开启了一段状元经商的佳话。

这个人就是江苏南通人张謇（1853—1926年），字季直，近代伟大的企业家、政治家、教育家、慈善家。甲午年他以41岁的"高龄"被钦点为恩科状元。据说翁同龢特地向他的学生光绪皇帝介绍说："张謇，江南名士，且孝子也。"

如余英时先生所考据，在明清时期，有举子多次失意落榜之后，不乏转而从商者。但是考上之后，尤其是中了状元，弃官不做转而从商者绝无仅有。因此张謇这一举动在当时引起的轰动，可想而知。

从今天看来，张謇放弃大好仕途、兴办实业的背后，无疑是思想深处的一场激烈革命。这种个体内在价值观和心理意识层面的革命，已经超越了一般的政治意义和社会性质，更为真诚和彻底。从后来的行动来看，张謇经商的动机确与赚钱无关。早在1886年，他就产生过"中国须振兴实业，其责任须在士大夫"的想法。在《大生纱厂股东会宣言书》中，他阐明了自己选择实业救国的心理历程。

年三十以后，即愤中国之不振；四十后中东事已，益愤而叹国人之无常识也，由教育之不革新，政府谋新矣而不当，欲自为之而无力。反复推究，当自兴实业始。然兴实业，则必与富人为缘，而适违素守。又反复推究，乃决定捐弃所恃，舍身喂虎，认定吾为中国大计而贬，不为个人私利而贬，庶愿可达而守不丧。自计既决，遂无反顾。

事实上，当年大生纱厂的建成开工确是一个奇迹，可作为那个时代企业家精

---

① 吴晓波. 跌荡一百年 [M]. 北京：中信出版社，2014.8.

神的典范。当时的中国以小农经济为主,并不具备建成一个大机器工厂的条件,所需要的资本、产品、劳动力均没有保障。民间办工业更是罕见。因此,张謇需要解决集资难、员工素质低下、政府对企业产权保护不足、社会风气保守等诸多问题。为此他进行了一系列制度的创新。

为了解决集资难的问题,大生在中国还没有公司法和商法可以依循的情况下,较早采用了股份公司制。张謇曾阐述他对公司的理解:"公司者,庄子所谓积卑而为高,合小而为大,合并而为公之道也……甚愿天下凡有大业者,皆以公司为之。"为了吸引投资,大生实行股息"官利"制度,通过给予股东硬性、稳定的收益,以增强其投资信心。在企业所有权和经营权的关系处理方面,大生开创性地实行"绅领商办",完全站在了私有、民营的立场。这对前期洋务运动当中实行的"官督商办"方式做出了大胆扬弃,与张之洞"中体西用"指导思想下的商业模式有着本质不同。

张謇当然不是一个纯粹的企业家,其志在彻底改造家乡南通。他的理念是"父教育,母实业":一方面,他创办了 20 多个企业;另一方面,他还亲自创办或参与创办了 370 多所学校,包括复旦大学(与马相伯一起)、东南大学、河海大学、上海海洋大学、海事大学、扬州大学、南通中学(季克良先生的母校)等,许多学校与事业单位的兴办在当时都是全国首创。在他的努力下,南通拥有了自己的博物馆、图书馆、剧场、旅馆、银行、绣织局、码头、发电厂等,成为当时中国模范式花园城市。现代建筑学家、清华大学教授吴良镛将其誉为"中国近代第一城"。

不仅如此,张謇还是一位慈善家。他认为"国家之强,本于自治;自治之本,在实业教育,而弥缝其不及者,惟赖慈善。"他最早创办的慈善机构是 1906 年建成的育婴堂,以收养弃婴和赤贫家庭孩子为主,两年后收养婴儿多达 1500 人。就在 1922 年其工厂发生重大危机时，张謇仍决定创办南通第三养老院，并斥资在崇明外沙（今启东）大生二厂创办大生医院，救治缺医少药、罹患流行疾病的贫苦百姓。

古人所谓"立言、立功、立德"三不朽，张謇先生三项全能，堪称伟大。最终企业倒闭，实为时势使然也。他的名言："天之生人也，与草木无异。若遗留一二有用事业，与草木同生，即不与尊木同腐"。斯人虽逝，却永为后人所景仰。

从科学管理到质量管理

德鲁克在《后资本主义社会》一书中，谈到二十世纪初西方资本主义面临深刻的危机，即马克思所提出的"资本主义固有矛盾"、无产阶级的"异化"和"贫困化"波及整个无产者，最终是由生产力革命所克服的。

发起这场生产力革命的人，就是科学管理的创始人弗雷德里克·温斯洛·泰勒（1856—1915 年）。泰勒最大的贡献是第一次将知识应用于工作的研究、分析和工程化。更为重要的是，德鲁克认为，泰勒改变了知识的定义。他断言不存在"技术高超的工作"（Skilled Work），一切工作都可以用同样的方法来分析。凡愿意按分析表明应该采用的方式做工作的工人是"头等工人"（First-class Man），应该享受"头等工资"（First-class Wage），同那些经历较长学徒期的熟练工人一样多甚至更高。[①]

有关于泰勒思想的由来，有必要记载一段他的经历。

---

① 彼得·德鲁克. 后资本主义社会 [M]. 张星岩，译. 上海：上海译文出版社，1998.12.

第二章 季氏"新工匠精神论"

1874年，他作为一个哈佛法学院的辍学生（因眼疾），进入费城的恩特普里斯水压工厂（Enterprise Hydraulic Works）当模具工和机工学徒，而4年学徒期是没有工资的，结束后才有每周3美元的薪酬，这在今天似乎是不可想象的。正是在这段时间内，泰勒深刻体会了普通工人的感受，他和工人天天待在一起，为他们精湛技艺产生的自豪感深深地折服。然而，他同时也看到了被他称作"恶劣工业条件"的东西，工人产出的限制、糟糕的管理以及工人与管理者之间的紧张关系。

1878年，泰勒到费城的米德维尔钢铁公司当普通工人。这家公司是当时钢铁工业的翘楚。泰勒很快以其出色的工作从一名普通工人晋升为书记员，继而又成为机工、班组长、机械车间的工长，再到负责整个工厂维修和保养的总机械师，最后成为总工程师——前后仅花了6年时间。

泰勒从未受到正规的管理学教育[1]。他仅仅是利用业余时间到新泽西州史蒂文斯理工学院进修了一个机械工程学位，目的是提升自己的科学素养。除了去学校考试，他从来不去上课。[2]

正是通过亲历亲为的实际工作经验及其作为工程师的科学素养，泰勒提出了以效率提升为核心的科学管理思想。

泰勒科学管理的提出在西方引起了革命性的效果，这是毫无疑问的。但是并不是每个人都能接受它，比如说当时的工会，就认为它是一种新的剥削手段。资本家可以利用它更好地压榨工人。

---

[1] 美国第一所大学商学院宾西法尼亚大学沃顿商学院（The Wharton School）创立于1881年；哈佛商学院创立略晚，为1908年。

[2] 丹尼尔·A·雷恩. 管理思想史［M］.（第5版）. 孙健敏，黄小勇，李原，译. 北京：中国人民大学出版社，2009.3.

但是纵观泰勒一生的言行，丝毫没有任何要压榨工人的意思。相反，这位人道主义者终其一生的努力，是尝试谋求企业主和工人、资本家和无产者在生产力方面建立共同的利益与和谐关系。因此，德鲁克将工会的这一评价视为"美国历史上最邪恶的毁谤名誉运动之一"。

事实上，泰勒对社会主义国家也产生了一定的影响，这方面可以参见1918年4月列宁的评价："资本主义在这方面的最新成就泰罗制〔即泰勒制〕，同资本主义其他一切进步的东西一样，既是资产阶级剥削的最巧妙的残酷手段，又包含一系列的最丰富的科学成就，它分析劳动中的机械动作，省去多余的笨拙的动作，制订最适当的工作方法，实行最完善的计算和监督方法等。……应该在俄国组织对泰罗制的研究和传授，有系统地试行这种制度并使之适用。"①

泰勒之后的西方管理学界，涌现了多个流派，管理学家孔茨称之为"管理理论的丛林"。除了紧随泰勒的一些学者，如甘特、吉尔布雷斯提出的工业工程、工业心理学思想，值得注意的有两个分支：一是管理科学学派；二是统计质量控制学派，即全面质量管理思想的源泉。他们都是积极将科学运用于管理实践工作的倡导者。

"管理科学学派"尤为重视数学，在中国或可称为"运筹学派"。他们将整个管理工作看成是数学过程、概念符号和模型，通过数据和模型的演算和模拟，得出最优决策。作为将这一思想运用于实践的代表性人物，是一个十人团队，史称"蓝血十杰"（the Whiz Kids）②（见图2-1）。他们的故事构成了那个时代商

---

① 列宁.苏维埃政权的当前任务[M].列宁选集(第三卷).北京：人民出版社,2012.9.
② 约翰·伯恩.蓝血十杰[M].陈山,真如,译.海口：海南出版社,2014.4.他们的名字分别是：查尔斯·桑顿、罗伯特·麦克纳玛拉、法兰西斯·利斯、乔治·摩尔、艾荷华·蓝迪、班·米尔斯、阿杰·米勒、詹姆斯·莱特、查尔斯·包士华和威伯·安德森。

业史上的传奇。

第二次世界大战结束后，福特二世开始执掌福特这家巨型汽车公司的权杖。1946年，为了重振雄风，他决定一次性聘用在战争中立下汗马功劳的十位精英，其首领先是桑顿少校，但他入职两年后就成为内部政治斗争的牺牲品而不得不离职。随后由麦克纳马拉负责，他后来成为越战时的美国国防部长。

图 2-1　蓝血十杰

图片来源：维基百科。

1941年，桑顿因其统计分析才能，受时任战争助理国务卿，后来的国防部长罗伯特·洛维特（Robert Lovert）邀请，进入航空队的规划部门，称为"统计控制部"任负责人。尽管不是一项重要的职务，但这份工作却让他有了不小的收获。他吃惊地发现，航空队内部不但没有明确的计划书，就连关于飞机需求的数据统计，也没有准确的记录。从飞机数量、备件数量、每种机型所耗燃料、炸弹数量等，一切都是凭杜撰、猜测，且无人对此进行质疑。更多时候，航空队的指挥官们不是在统计数据，而是把时间浪费在"谁的数字才是正确的"这些无谓的争执上。没有人需要数据，因为每个人都心知肚明，航空队都是由私人关系在运作。

为了掌握第一手的资料和精准的信息，桑顿每天都和自己的部下在简陋的办公室里彻夜工作，核对每一份数据。战争年代，"知识"就意味着"咨询情报"，谁掌握了"咨询情报"，谁就拥有了力量。

1941年日本偷袭珍珠港事件之后，阿诺德将军对陆军航空队总部进行改组，桑顿由此脱颖而出，出任"统计管制处"主任。而当时他只是一个28岁的年轻少校，且从未接受过正规的军事训练。这是他后来对于数据的信心超过专业的重要原因。

除了数据，桑顿还需要一支精英团队，于是他来到了接受军方资助以免于破产的哈佛商学院。不久，他招募到12位教师来到华盛顿接受军事教育，除了协助桑顿建立统计管制处的基本架构外，他们还要为日后学院开设的"统计控制小组"的相关课程和内容做准备。

"商业统计"课程培训工作由来自哈佛的冷特教授负责，他善于理论联系实际，把冷冰冰的数字与实际案例相联系，大受学生欢迎。这与桑顿的想法不谋而合，即如何从数据中发掘事实的真相，以数字来管理控制军队的运作。经过培训，桑顿的统计管制处军官们都具备了一项非凡的才能，即根据统计和事实，做出及时的决策。据估计，仅1943年，他们为美国节省了36亿美元的炸弹、弹药、补给品和燃料。通过在每个基地建立备件库存，他们可以轻松地将备件需求与最近的供应相匹配。[1]

战后，"蓝血十杰"把基于数字化管理的技术带进了福特公司，帮助公司实施先进的管理控制系统来推行管理、控制成本并审视战略进展。他们还制订了现代招聘、培训计划以及职业规划，旨在为福特汽车公司提供财务人才库。令人难

---

[1] Tim Darling. The Whiz Kids: How 10 Men Saved America (and Then Almost Destroyed It), July, 2008.

第二章 季氏"新工匠精神论"

以想象的是,在此之前,号称世界上最大的汽车公司之一,福特唯一的财务报表是银行为他们提供的现金报表。运用这一科学管理方法,"蓝血十杰"彻底改变了福特以往过于依赖"强人"治理的传统[1]。

这一新型管理方法影响了美国整个企业界和 MBA 教育。在此之前,美国企业家,如安德鲁·卡内基、洛克菲勒、亨利·福特,都是依靠毅力和决心白手起家,这群企业界的"强人"没念过商学院,对于图表和数字不重视、不敏感。然而,随着技术和竞争的变化,人们越来越认识到,经验式、情绪化、感觉上的判断变得不可靠,企业经营,尤其是大企业经营,需要精确的数字和事实。

不仅如此,它将自己的影响力带到了全世界。作为一家经历过野蛮生长的、创业时代的大公司,2014 年,华为任正非号召中层学习"蓝血十杰"的精神,他把"蓝血十杰"对现代企业管理的主要贡献概括为三个方面:基于数据和事实的理性分析和科学管理,建立在计划和流程基础上的规范的管理控制系统,以及客户导向和力求简单的产品开发策略。相应地,华为人应该学习他们对数据和事实近乎宗教崇拜的科学精神,从点滴做起建立现代企业管理体系大厦的职业精神,敬重市场法则在缜密的调查研究基础上进行决策的理性主义三个方面。[2]

但是,随着时代的发展,人们发现这一数字化管理方法远非完美。"蓝血十杰"把福特管理决策推向了极端。一项投资,如果无法证明其可以立即增加利润,那么就会遭到否认。此外,对于很多重要指标,如客户忠诚度、新设备和质量的价值,也无法建立精确的模型加以量化。麦克纳马拉试图在短时间内把质量加以量化,

---

[1] 老福特正是这样一位"强人"。
[2] 任正非. 华为为什么学习"蓝血十杰"[N]. 网易教育,2014-06-18.

但最终不得不放弃了。在削减成本方面，"蓝血十杰"的方法也遭遇挑战：从长远来看，他们可能会因此失去客户和竞争优势。《追求卓越》一书专门列了一章"理性歧途"，针对于此进行猛烈攻击。

巧合的是，打败美国汽车公司的，是与"蓝血十杰"系出同源的质量管理思想，他们均依赖于统计控制手段来开展企业管理。但是，质量管理却是"墙内开花墙外香"，在遥远的东方国家——日本得以生根、开花、结果。

质量管理，早期称为"统计质量控制"，代表人物是沃尔特·休哈特（Walter A. Shewhart，1891—1967）。他发明了控制图，最为世人所熟知当属其学生加好友戴明博士所大力倡导的"休哈特环"，又称"戴明环"或"PDCA"循环。[①]

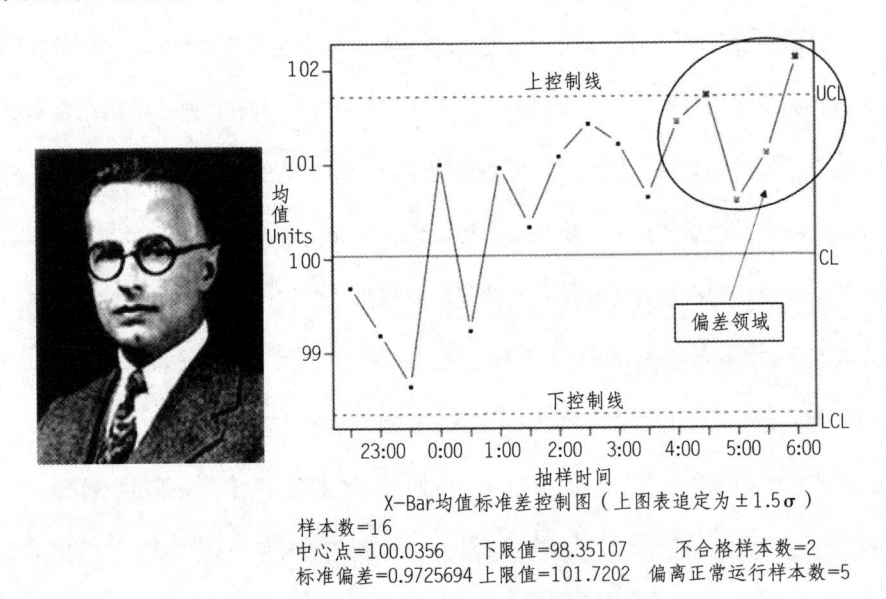

图 2-2　沃尔特·休哈特及控制图示例

资料来源：维基百科，休哈特和控制图词条。

① 戴明本人称为"休哈特环"，是指 PDSA，即"规划—执行—研究—行动"。而后来人们所称的"戴明环"，即 PDCA，C 是检查，其他字母意义同前。

第二章 季氏"新工匠精神论"

休哈特最初在贝尔电话公司担任工程师。这家电信巨头一直致力于提高传输系统的可靠性。为了给政府监管机构提供高质量的服务，休哈特的首要任务是提高公司电话机中碳发射器的语音清晰度。他将自创的统计控制方法应用于中心交换系统的安装，以及进一步的工厂生产。1918年，休哈特加入西部电气公司霍桑工厂的检验工程部门（管理思想史上著名的"霍桑实验"即在此，戴明、朱兰均曾在此地实习和工作过）。当时的工作质量仅限于检查成品和去除有缺陷的物品。休哈特凭借自己的专业对此进行了变革。据休哈特的老板，乔治·D.爱德华兹回忆："1924年5月，休哈特博士准备了一张仅有一页纸的备忘录。页面的大约1/3画有一个简单的图表，即我们今天众所周知的控制图。这个图表及其前后的简短文本，阐述了我们今天所知道的过程质量控制所涉及的所有基本原则和考虑因素。"[1]

休哈特将统计学上的知识应用于生产。例如，他提出应该区分对待两类偏差：一类是可追溯的原因；另一类是偶然性的原因。我们今天称之为"系统误差"和"随机误差"。他所发明的控制图就是用于区分两者的工具。

休哈特"统计质量控制"（SQC）管理思想的大旗最终由其学生和同事，戴明博士和朱兰博士扛起来了。但他们的影响力却不是产生在美国，而是在战后的日本。具体容后文再叙。

总之，当科学知识运用于企业管理时，产生的管理革命具有与工业革命同样重要的意义。作为一个后发国家，中国科学思想的引进过程无疑是痛苦而漫长的，科学管理革命在计划经济体制下更是注定无法启动。即便是引进市场经济多年，也不是每家企业都能真正地实施它。

---

[1] 维基百科：休哈特词条。

一个核心，六个维度

  季克良先生接受了最为正规的大学教育，受到最为严格的科学训练，科学思维在他脑海深深扎根。以满分毕业的他在毕业去向问题上一波三折。这或许是命运的捉弄，也是上天有意的安排，让他成了一代酿酒大师。他先是被分配到上海某研究所，后来又改为分配到四川制糖发酵研究所。最终由于1963年第二次评酒风波，考虑到茅台酒厂缺少专业技术人员，有关部门就把他和夫人徐英双双分配到贵州茅台酒厂，这一干就是一辈子。

  要对季克良的业绩和思想进行归纳既容易，又困难。说容易，就像很多伟大的工匠一样，他一生只做了一件事，就是力图解开茅台工艺的秘密。说困难，他又不同于一般的传统工匠，还是一个带领茅台这艘航空母舰出海的领航者。在他身上体现的"工匠精神"，既有传统工匠的印记，更有现代企业管理者的特征，融汇了科学技术和科学管理的精神，他的"魂"系于传统的工匠，但是呈现出不同的表现，是一种经历现代化熔炉历练的"工匠精神"。故此我们不妨称之为季克良的"新工匠精神"。

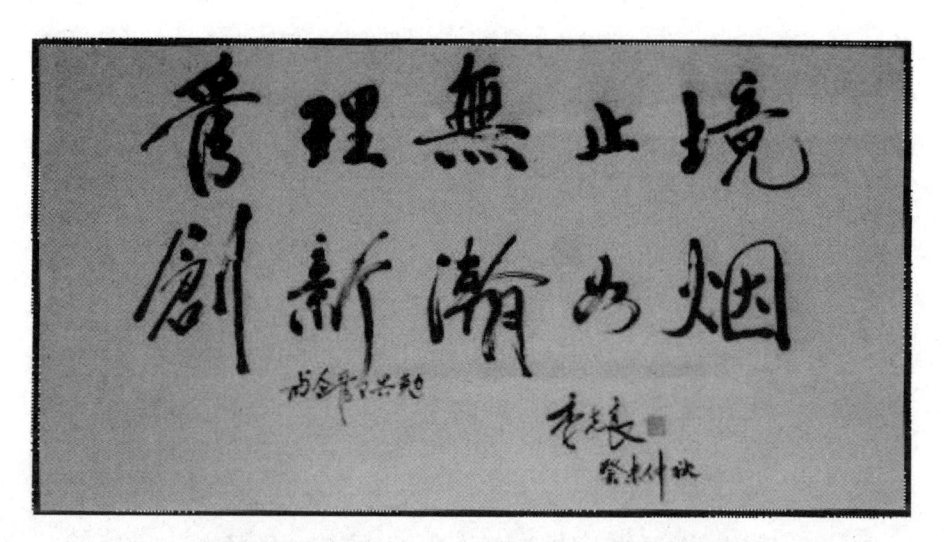

图 2-3　季克良书法——管理无止境，创新瀚如烟

本书将季克良的"新工匠精神论"总结为"一个核心，六个维度"，具体意义如下。

- **一个核心：敬畏质量的核心价值观**

对于季克良来说，质量是天，是一种信仰，因此需要对质量抱有敬畏之心。他在茅台的言行，像是一个虔诚的质量"传教士"，天天讲、月月讲、年年讲，几十年如一日，躬行不倦。而茅台的工艺、员工的劳作就像是质量信仰的仪式，是一个献祭，是天人合一。一向温和的他罕见地撂下一句狠话："谁要是在质量问题上掉以轻心，要砸企业的锅，那我们别无选择，只好先端掉这个轻质（原文引用，应是轻视质量）砸锅者的饭碗，保住全厂职工家属的饭碗"。

- **六个维度**

（1）以人为本：工匠精神的指导原则。坚持长期艰苦奋斗的奉献精神，以人为本，关心员工的成长和福利。

（2）继承创新：工匠精神的思想基础。处理传承与创新的关系。传统工艺的继承和发扬。工匠需要传承的文化使命感，对其精神加以升华。

（3）产品本位：工匠精神的关注点。产品是技术与艺术的融合，聚日月之精华，形成不可复制的独特竞争力、文化力。自己既是生产者，也是消费者，是"产消者"（Prosumer）。从消费者角度思考质量的含义。

（4）爱岗敬业：工匠精神的源动力。工匠精神是一群热爱本职工作的人干出来的。没有全员的参与热情，工匠精神无从谈起。

（5）体系运作：工匠精神的方法论。科研工作者、质量工程师、质量管理者、匠人四个角色的体系化运作。坚决贯彻现场主义，推进车间现场的精细化管理。

（6）追求卓越：工匠精神的目标。不在于超越竞争对手，而在超越竞争。工匠精神的外在动力，主要是处理公司与股东、主管部门的关系，需要有长期导向。

以追求卓越为目标，可以补救传统工匠精神迷失在产品精致度上的弊病。德鲁克所讲述的第二位石匠，就是典型。因此传统工匠精神加上明确的战略和愿景引领，才是季克良的"新工匠精神"的完整含义。

它们之间的逻辑关系如图 2-4 所示。

第二章 季氏"新工匠精神论"

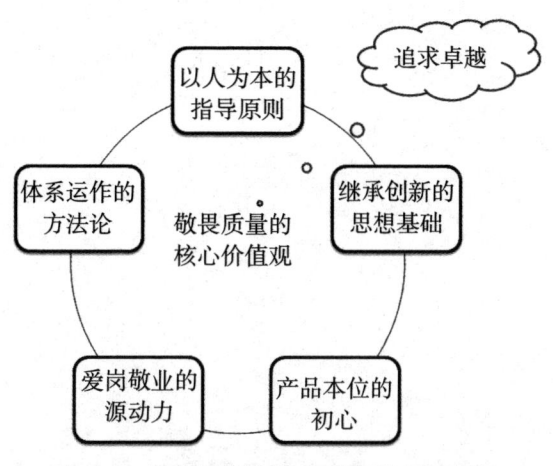

图中要素：
- 追求卓越
- 以人为本的指导原则
- 继承创新的思想基础
- 产品本位的初心
- 爱岗敬业的源动力
- 体系运作的方法论
- 敬畏质量的核心价值观

图 2-4 季克良的"新工匠精神"思想框架

本书将在第三章到第九章，分别阐述这七个方面的内容。最后一章尝试从季克良的"新工匠精神"中，为企业提供经验借鉴。

第三章

敬畏质量：新工匠精神的核心价值

第三章　敬畏质量：新工匠精神的核心价值

工匠应对产品质量心怀敬畏感，这是工匠精神的第一条。

——李克良

茅台1988年在争创国家二级企业活动中，提出的企业质量方针，即"以质求存、以人为本、继承创新"，成为很长一段时间其企业管理基本思路。无论是从字面上还是从实际行动看，"以质求存"无疑处于核心地位，是茅台的核心价值。

季克良在他的回忆录中，这样写道："我刚到茅台时，正好在国庆节前，因此领导叫我们先下车间了解情况，国庆节后不久开始投料了，又要我们先下去熟悉生产，后来又分到科学试验组、微生物组。在这段时间里，让我对茅台酒的传统工艺产生了敬畏感，感到茅台酒的生产工艺非常特殊、非常复杂，和书本上讲的其他白酒工艺不一样，尤其是高温制曲、高温堆积、高温接酒，没有听说过，更没有见过，为什么要这样做？心里充满疑惑。"

寻找茅台的"锤子"

2010年3月27日，中国国家博物馆正式收藏了一件看似普通的锤子，作为国家文物，编号：国博收藏092号。

这把成为文物的"锤子"的正式名称是：1985年青岛（海尔）电冰箱总厂厂

季克良：酒魂匠心

长张瑞敏带头砸毁76台不合格冰箱用的大锤。它之所以不一般，是因为它记载了中国白色家电企业海尔的一段故事，代表着海尔发展的一个新起点。

1985年，在用户向海尔反映生产的电冰箱有质量问题后，张瑞敏突击检查仓库。当他发现仓库中有问题的冰箱多达76台，立即组织全员大会，做出了一个震惊所有人的决定，就是把所有有质量问题的冰箱都砸掉。

事实上，不同的企业家对于质次品的处理存在一些差别，但有一个共同点，就是善于制造一种强大的张力和戏剧效果，让人们印象深刻。

比如，华为总裁任正非组织召开了一场全体员工参加的"反幼稚"运动大会。任正非将所有坏的板材都堆放在主席台上，在讲了很多关于设计人员的幼稚病导致的危险后，将这些板材作为奖金全部发放给了那些失误的设计人员，要求他们摆在家里的客厅里，不时看看，提醒自己。

韩国三星的李健熙曾指示相关负责人将存在质量问题的产品堆放到工厂前的空地上，包括手机、微波炉、冰箱、电视机等，既有生产线上的残次品，也有用户退回来的问题产品。当着2000名员工的面，点燃了这些问题产品。

当笔者进入茅台，想找到季克良先生有没有干过类似于"砸瓶子""一把火烧了"这样的故事，却扑了一个空。老员工们都反映他的管理风格属于温和型和严谨型，绝不会那么"野蛮"。

但当我慢慢回溯中华人民共和国成立后茅台的发展史，功夫终不负有心人，最终找到了属于茅台的那把"锤子"。

1952年，食品工业部组织了第一届全国评酒会，评出四大名酒，分别是：贵州茅台酒、山西汾酒、四川泸酒（后来的泸州老窖）、陕西西凤酒。这次评比主

第三章 敬畏质量：新工匠精神的核心价值

要基于传统、风味和市场信誉，茅台位列榜首。

但是到了1963年12月第二届评酒会时，新增加了四个品牌，最终排名是五粮液、古井贡、泸州老窖、全兴大曲、茅台、西凤、汾酒、董酒。茅台酒在其中的排名从第一名一下掉到了第五名。在一个偶然的场合，此次评酒结果竟然被境外记者知晓，有关领导指示轻工业部进行了解调查。

轻工业部通过分析总结，找到其中可能的原因，既有茅台品质下降的问题，也由于这届评委明显偏好泸型酒（即浓香型酒）。

此后不久，由轻工业部高级工程师周恒刚牵头，组织全国最强技术阵容从1964年10月到1966年3月开展了两期"茅台试点"。

那么，为什么茅台质量会出问题呢？

答案是：盲目增产。

1951—1953年，人民政府先后以赎买、没收、接管的方式将"成义""荣和""恒兴"三家合并成为仁怀茅台酒厂后，政府加大了投资力度，茅台酒产量得以快速增加，从1952年的75吨增长到1957年的283吨，增长了近4倍。这都是在老酒师的指导下，严格遵循传统工艺基础上的有机增长。

但是，1958—1960年三年分别投资了130万元、130万元和250万元，持续扩大生产规模。茅台酒产量从1957年的283吨激增到1958年的627吨，1959年达820吨，1960年进一步升至912吨。这一产量纪录直到18年后的1978年才得以突破。

盲目增产必然是以不严格落实传统工艺为代价，以质量为代价，1960年茅台酒的合格率恶化为12%。尽管经历了此后几年的调整，但受到经济环境的恶化，当时水电供应、原料供应非常紧张、工人生活条件恶劣,很多工人为了生计,弃厂返乡,生产处于半停产状态。这种条件下生产出的茅台酒,品质自然无法得到保证。

第二次参评结果正反映出这一问题,结果让有关负责人和喜爱茅台的消费者震怒了。我理解,这正是砸向茅台酒瓶的"千钧大锤子"。此后,各任茅台酒厂领导无不在质量问题上如履薄冰、战战兢兢,质量无形中成为茅台的红线。长此以往,这种思想便成为一种敬畏之心,一种信仰。

表 3-1　1952—1965 年茅台酒厂经济效益情况

年度	产量 / 吨	工业总产值 / 万元	销售收入 / 万元	利润总额 / 万元	上缴税利 / 万元
1952	75	6.00	—	0.80	4.00
1953	72	6.00	—	0.40	11.00
1954	163	17.20	—	3.10	14.00
1955	209	22.00	—	5.10	18.00
1956	274	27.10	—	4.80	28.00
1957	283	27.80	—	6.30	19.00
1958	627	56.20	—	1.30	21.00
1959	820	77.90	—	4.30	28.00
1960	912	90.80	—	2.60	20.00
1961	347	44.60	—	3.00	22.00
1962	363	35.00	—	-6.80	36.00
1963	325	32.50	—	-37.70	109.00
1964	222	22.40	265.00	-84.70	140.00
1965	247	152.00	69.00	-61.40	23.00

资料来源:茅台酒厂公司志(2011)。

第三章　敬畏质量：新工匠精神的核心价值

八十年代的质量先驱运动

1978年，中共中央召开十一届三中全会，正式宣布实施改革开放。这被认为是二十世纪后半叶世界历史上最重要的事件之一。中国人从此纷纷走出国门，真正认识到了世界的巨大变化和自身的差距。20世纪80年代的中国被认为是思想大解放的年代。在商业界，除了创业的热潮兴起，最重要的事件就是学习近邻日本，引进质量管理。

谈到日本的质量运动，不得不提及两位美国人：一位是美国驻日盟军最高司令麦克阿瑟上将；另一位是统计学家爱德华兹·戴明（W. Edwards Deming）博士。

美军在占领并承担日本的战后重建任务后，麦克阿瑟将军急需大量收音机，以利于占领军的命令能广播至全日本乡镇。由于当时日本通信设备制造商的技术达不到要求，所以他要请美国人来帮忙。

最初去日本的霍默·萨拉松（Homer Sarasohn）是一位电气工程师[1]。他把工作重点放在使日本的工厂复原、运转，并教日本人把生产视为一个整体系统。麦克阿瑟当局还要求日本高层主管参与一期为期32天的培训课程。授课的人选由萨拉松推荐，戴明博士因此闪亮登场。

---

[1] Homer Sarasohn（1916—2001），IEEE终身会员，曾在麻省理工学院辐射实验室、IBM公司工作。1946年到1950年，任占领军民用通信科（CCS）工业处处长，著有 *Fundamentals of Industrial Management*，*Statistical Quality Control in Industry* 等著作，对日本质量管理产生过重要影响。

出生于1900年的戴明出身贫寒,博士毕业于耶鲁大学,有着工程师、统计学家、教授、作家和管理咨询顾问等多重身份。他最初的专业是电气工程,后来专攻数学物理,曾经帮助开发了美国人口普查局和劳工统计局至今仍在使用的抽样技术。在他的著作《工业、政府和教育的新经济学》中,戴明继承了沃尔特·休哈特的统计质量控制(SQC)思想,提出"休哈特循环"(Walter Shewhart Cycle),即"计划—实施—学习—行动"(PDSA)。

1950年6月16日,戴明应日本科技联(JUSE)[①]之邀抵达东京,接下来的数周为学员授课。他后来回忆,这群日本人的用功程度和学习热情让他深受感动。"他们是我教过的最顶尖的学生",他这样评价。

图 3-1 戴明为日本总裁班授课(1955)

资料来源:戴明研究院网站。

[①] 指日本科学家、工程师联盟,1946年由石川一郎创办,隶属于日本科技厅(现文部科学省),该组织一直致力于以 TQM 为代表的经营管理技术的推广普及,通过促进科学技术的进步发展,助力于产业成长。著名的"戴明奖"即由此机构负责。

第三章 敬畏质量：新工匠精神的核心价值

1950年7月13日，戴明与21位日本业界龙头共进了一次历史性的晚餐。这次晚宴聚集了占日本全国产业总值80%的企业资本家，包括富士通信、日立、松下电器、三菱电机、日本电气、索尼、夏普、住友、东芝等，可谓精英荟萃。主持人为JUSE主席、日本经团联主席、业界领袖石川一郎，他是几十年后成为日本质量管理运动领袖的石川馨的父亲。

最让日本产业界感动的是戴明对待他们的谦和态度。他丝毫没有战胜国来的专家所具有的傲慢，而是真正地为日本人着想，关心其发展，而且他拒绝为授课收取报酬。正所谓"投之以桃，报之以李"，通过影响最有影响力的人，戴明思想在日本得以快速传播。此后，他穿梭于美日两地，多达27次赴日本开展管理咨询，成为日本业界的座上宾。

日本人将戴明质量管理思想视为战后经济奇迹的灵感来源之一，并公认他是对日本影响最大的管理思想家。具有讽刺意味的是，早在1951年，日本就以他的名字设立最高质量奖"戴明奖"。但一直到1980年，美国国家广播公司（NBC）制作了纪录片《日本能，我们为什么不能？》之后，美国人才发现，日本人只是运用了一位默默无闻的、80岁的美国老人的思想，打败了自身。

戴明对日本人提出以下六点教导[①]。

（1）市场进入全球化时代，所以必须要有国际质量标准和描述质量的国际语言（以SQC为主的全面质量管理）。

（2）顾客最重要。要与你的顾客保持长期关系。设计及制造产品时，要设法持续了解顾客的需求。

---

① 彼得·斯科尔特斯. 戴明领导手册[M]. 钟汉清,译. 北京：华夏出版社,1999.12.

（3）质量由主管决定。产品及服务的质量必须回应顾客需求。产品必须保持一致性、性能可靠。产品的质量上限是由主管们的意图及所订的规格决定。质量是主管的领导能力的成果。

（4）生产为一系统。供应商是你的伙伴。要使供应商成为伙伴及系统整体的一部分。顾客也是系统的一部分，而且是系统中最重要的部分。统计质量控制必须应用于系统的所有阶段。

（5）连锁反应。如果你改善生产过程与产品，成本就会降低，从而得以价廉物美，取得更多市场占有率，这让你生意兴旺，也为社会提供更多工作机会。

（6）要把日本看成整体系统。全日本为一系统，彼此要互信、合作。全日本都要承诺追求质量、互信、合作，让它像燎原之火，使全体日本人充满干劲，获得共赢！

当然，从日本质量管理思想的源头来看，另一个质量管理大师朱兰（Joseph M. Juran）的影响也不遑多让。他把帕累托原则应用于质量管理，并提出质量管理三部曲，即质量规划、质量控制和质量改进，对日本企业产生了巨大影响。

俗话说"名师出高徒""师傅引进门，修行在个人"。这两句话既强调师傅的作用，更强调徒弟自身修行的重要性。套用在工匠精神方面，是再恰当不过了。

从全球范围看，日本无疑算是一个优等生。他们在质量管理方面虚心好学，并在此基础上进行了创造性发挥。如"日本QCC之父"石川馨（Kaoru Ishikawa）发明了因果图（鱼骨图），赤尾洋二（Yoji Akao）开发了质量功能部署（QFD）方法，田口玄一（Genichi Taguchi）推出的"田口方法"和"丰田生产系统之父"大野耐一提出的"精益生产"思想，均被认为是对源于美国的质量管理思想的创

第三章 敬畏质量：新工匠精神的核心价值

新与超越。

1977年年底，为了重振已濒临崩溃边缘的国民经济，我国十分重视工业产品特别是机械工业产品的质量问题。于是，由机械工业部组织几所高等院校的教师研究西方发达国家的质量管理理论和经验，调查研究我国机械工业企业质量管理的经验与问题，以便有效地提升机械工业产品质量，为国民经济各部门提供合格、优质的技术装备。同时，国家又组织了中、日企业之间的质量管理理论与实践交流活动。就这样，TQM被从美、日等国引入了中国。机械工业部于1978年9月在我国举办了第一个"质量月"活动，TQM首先在机械行业轰轰烈烈地开展起来。[1]

1979年8月24日，第一次全国质量管理小组代表会议在北京召开，命名表彰了第一批全国优秀质量管理小组。会议选举产生了中国质量管理协会第一届理事会，中国质量管理协会宣告成立。

1980年3月，国家经济委员会颁发了《工业企业全面质量管理暂行办法》。中央电视台举办了全面质量管理电视讲座，掀起一场全国质量运动热潮。当时全国有几百万名职工收看了讲座，参加了考试。后来，TQM又向乡镇企业和服务行业推广。国家还组织了评选优质产品（金、银牌产品）、质量管理奖企业和优秀QC（质量管理）小组等活动，使TQM在中国出现了一个高潮。

1988年，中国等效采用了ISO 9000系列的《质量管理与质量保证》国际标准作为国家标准GB/T 1030系列。到20世纪90年代，国家停止评选金、银牌产品和质量管理奖，企业又把兴趣和注意力转向了贯彻实施ISO 9000族标准和质量体系认证，掀起了认证的热潮。

---

[1] 邢文英. 全面质量管理：回顾与思考[J]. 石油工业技术监督. 2001,17（1）：7-8.

在行政主导推动下，主管部门做了大量的工作，但许多企业（当时主要是国有企业）并没有真正认识到质量的重要性，多是随波逐流，走过场，实施也流于形式。1988年有一个统计，到1987年为止，我国已有39万个QC小组，能坚持活动并做出成绩的只有30%左右。[①] 进入20世纪90年代以后，许多企业由于不适应市场经济的要求，生存尚有问题，随着行政指令的减少和行政性评奖的取消，TQM在这些企业基本上销声匿迹了。

对于乡镇企业来说，则是另一种状况。中国当时处于短缺经济年代，各类乡镇企业犹如闯入宝山，进入"遍地是金子"的抢钱时期。搞质量管理是一个慢活，用武侠术语来说是"练内功"，没有十多年的功夫，难见成效。像海尔那样用锤子砸不合格冰箱的事件，仅仅是那个年代的个案。更多的企业根本不知道那把"锤子"放在哪儿。

从企业层面看，一项新型管理理念能否得到贯彻实施，最终还是在于理念的突破。华为公司最初在引进IBM的集成产品开发（IPD）系统的时候，内部也存在不同的声音。有人认为华为的流程最好，更多的人强调华为自有企情，不可照搬。任正非对此毫不留情地予以驳斥。

我最痛恨"聪明人"，认为自己多读了两本书就了不起，有些人还不了解业务流程是什么就去开"流程处方"，流程七疮八孔的老出问题。

我们切忌产生中国版本、华为版本的幻想。引进要先僵化，后优化，再固化。在当前两三年之内以理解消化为主，两三年后，允许有适当的改进。

IPD关系到公司未来的生存与发展，各级组织、各级部门都要充分认识到它

---

① 区煜广.中日质量管理小组活动比较[J].外国经济与管理,1988.3.

第三章 敬畏质量：新工匠精神的核心价值

的重要性。我们是要先买一双美国鞋，不合脚，就削足适履。

当一个企业太多的"聪明人"都知道抄捷径、攒快钱，坚持质量的人无疑就是智力障碍者。任正非公开说，华为就是一个像阿甘一样的"傻子"。到今天，"傻子"华为达到了其他企业难以企及的高度。

茅台的季克良倒没有这样自嘲。但是他应该同意：质量观念慢慢进入茅台的"血液"，成为企业自动自觉的行动。茅台抓质量管理不是可有可无，而是必须。正因为此，茅台在质量管理方面甘于当学生，勤勤恳恳，一步一个脚印，成为从20世纪80年代质量运动中受益最大的企业之一。

在20世纪80年代之前，茅台酒厂已经出台了多项提升质量的制度、标准，开展了各类质量改进措施。如1974年季克良提出《提高茅台酒质量的点滴经验》(又称"九条经验")。1975年年初，制定出茅台酒制曲注意事项，规定原料粉碎度、加水量、母曲量、踩曲、堆曲、翻曲、择曲、贮存、清洁卫生、质量检查等制度。当年10月，季克良组织对《茅台酒生产操作要点》14条进行修订。

当时，质量管理可能还算是一个外来词。但是对茅台，一切都显得顺理成章。从1978年8月起，茅台就组织开展了"质量月"活动。贯穿于整个20世纪80年代，从茅台的质量工作安排来看，与国家在质量方面的部署完全同步。更为重要的是，茅台的质量管理不仅是"一把手工程"，而且是"一、二、三把手工程"，所有厂级领导都非常重视，亲自来抓，每一步都抓得很实，工作非常细致，群众性QC小组活动卓有成效。在一轮轮培训和实践中，干部员工对于质量管理的理解日益加深。也正由于此，在国家组织多次质量评优中，茅台每次都能拿到大奖，级别越来越高。

1980年，全面质量运动兴起，其中包含的管理现代化的思想，让茅台酒厂如虎添翼。从茅台酒厂开展全面质量管理活动的实践来看，实质是将其提升到了企业战略层面。当时企业提出了"以质求存，以人为本，继承创新"的质量方针，其实就是一种企业战略。茅台结合全面质量管理运动对员工进行全面、充分的发动，在各车间、班组建立质量管理小组、技术研究小组和科研小组。在领导层面，1981年3月16日，茅台成立"全面质量领导小组"，由副厂长李兴发任组长。1983年12月，重新组建领导小组，由厂长季克良任组长，李兴发、许明德任副组长。同月，厂里制定《茅台酒厂全面质量管理暂行办法》共23条。

更为重要的是员工素质得以全面提升。1984年9月，在全国质量月活动中，厂里组织厂级领导、车间科室负责人、班组长、质量管理小组成员，在每周二、四、六收看中国质量协会、中国科学协会在中央电视台播出的全面质量管理电视讲座。根据《茅台酒厂公司志》（2011）统计数据，从1986年到1989年，共举办TQC基础知识学习班7期，共培训583人，4次参加电视讲座知识学习和全国统考，每次及格率均达95%以上。1986年12月到1987年4月，参加学习的各级干部、骨干分子达296名，其中151人参加全国统考，及格率为97.35%，人均84.81分，高于全省平均成绩。1988年全厂88人参加全国统考，及格率达100%，平均分数89.5分。3年中，举办酒师、班长学习班3期，参培人数180人；自办两年制职校，培训酿造专业学员40人；送外大中专学习45人，自学函授23人。通过培训，建立QC小组30多个，参加省成果发布会，其中两个获厅先进QC小组，一个被评为省优秀QC小组。

总之，20世纪80年代的质量运动是中国企业管理的一场先驱运动，它由国

第三章 敬畏质量：新工匠精神的核心价值

家行政力量所大规模主导和推动。① 到 21 世纪初中国加入 WTO 后，企业直面国外竞争，只有那些能够坚守品质和工匠精神的企业才得以吹沙见金，勇立潮头。

季克良的"四个服从"论

如前所述，在茅台，对质量的强调已经成为一种信仰。

管理学家柯林斯在《基业常青》一书中提出，就绩效和契合公司理念而言，高瞻远瞩的公司对员工的要求通常要比其他公司严。它像一个组织极为严密的团体或社团，创造出一种如同教派一般的文化，会对那些不愿意真心相信并乐意为公司的目标作贡献的员工产生排斥。

笔者同时发现，在柯林斯提出的教派的四个特征中（热烈拥护的理念、灌输信仰、严密契合和精英主义），茅台严格符合前三条。而对最后一条"精英主义"，季克良先生有不同的意见，他认为茅台选择的是"平民主义"。但这里的"精英主义"指的是"一种属于优秀团体、与众不同的意识"。从这一点看，茅台确实也属于精英主义。

对于质量的表述，季克良在不同时期有过多种表述，但是最终他归纳为"四个服从论"，即当产量和质量发生矛盾时必须产量服从质量；当发展速度和质量发生矛盾时，速度必须服从质量；当效益和质量发生矛盾时，效益必须服从质量；当工作量和质量发生矛盾时，工作量必须服从质量。产品质量既是商品的生命，

---

① 刘源张. 推行全面质量管理三十周年回顾［J］. 上海质量，2008，9:25-30.

也是企业的生命,还是企业领导人的政治生命。①

事实上,从1991年季克良再次任厂长以来,他就在不同场合,不同时期讲到"四个服从",只是形式有所区别。

图 3-2 季克良书法——论质量的重要性

1992年,季克良在下造沙工作会议上这样说道。

首先,要牢固树立"质量第一"的思想。质量是生命,是效益,是市场,是竞争力!除了经济意义,还有政治意义。……特别要处理好:质量和产量的关系;

---

① 季克良. 贵州茅台:从中国制造到中国品牌[N]. 人民政协报, 2017-1-17.

第三章 敬畏质量：新工匠精神的核心价值

质量和工作量的关系；质量和个人利益的关系。

解决质量和工作量的关系，实际上就是解决一个精耕细作的问题，也就是说，要作好工艺条件的贯彻！

质量和个人利益的关系，目前来看最重要的一条是如何处理好质量和个人奖金的关系。我们有些车间、班组不在下造沙上、前道工序上、各个环节上下功夫，而是出了问题找窍门。今年绝不允许再出现类似情况！车间要把关，生产技术要抽查，再有类似情况首先处理车间主任，这不是小题大做，是护航保驾！

1995年，他在《人民论坛》上发表文章，提出：

我们要进一步增强质量意识，人人都要为确保质量作贡献，真正做到一切服从质量，当质量和产量、消耗、工作量、个人利益、局部利益发生矛盾时，必须无条件地服从质量。[1]

2004年接受记者采访，谈到茅台如何连续五年跨越式发展时，他是这样说的：

当质量与产量、成本、速度、效益发生矛盾的时候，我们总是以后者服从于前者，并且在生产实践中把"质量第一"的理念镌刻在心坎上，落实到每个质量管理环节、每道生产工序上，形成一道道坚不可摧的群体质量意识"防线"。[2]

在不同时期，质量与"四个服从"中不同因素的矛盾冲突程度也有所差别。

1991年，季克良再次任厂长，当年定了发展目标为再扩建2000吨，分期实施。但有人认为这一目标过于保守，当时另一家贵州知名酒厂则号称要建"百里酒城"。曾经有人来厂征求意见想换掉季克良的厂长位置，从外面调一个更有魄力的酒厂

---

[1] 季克良.质量永远是我们的生命[J].人民论坛，1995,9.
[2] 季克良.茅台如何连续五年跨越式发展[N].经理日报，2004-1-11（A01）.

季克良：酒魂匠心

厂长，但终于没有成功。

20世纪90年代中期，以央视标王为标志，白酒业兴起一股"广告为王"之风。其中最为突出的山东几家地方酒厂的异军突起，如孔府家、孔府宴、秦池等。名不见经传的秦池在央视梅地亚中心两次夺标，风头一时无两。1995年，其厂长姬长孔豪言"每天向央视开进一辆桑塔纳，开出一辆豪华奥迪"，其中标金额为3.212118亿元的天价。

但是好景不长，这些轰轰烈烈以广告起家的酒厂，正如当时一本畅销书名所说的《过把瘾就死》，几年之内就开始淡出人们的视线。2001年，秦池案例"光荣地"走入吴晓波先生的《大败局》一书，成为一个时代标志性的失败案例。这位有才气的财经作家给它贴的标签是："没有永远的标王"。

其实，何止是山东酒厂，在这股风潮之下，贵州酒业也如赤水奔涌向前。季克良对此记忆深刻：当时很多酒厂也处于一种浮躁心态之中，按捺不住冲动或激情，谋求超常规发展。有的盲目发展、盲目扩张，驾驭质量的水平下降，有的盲目收购小酒厂的所谓同香型酒，有的盲目兼并或委托加工，有的盲目收购基酒，扩大销售，质量在潜移默化中发生了变化，致使消费者移情而去，最终造成资金链断裂，企业无法生存。结果带来的是无法弥补的惨痛教训：曾经叱咤大江南北，无限风光，鼎盛时期具有2个国家名酒，五六个国家优质酒，还有约40个省部级名酒和国家铜质奖牌酒的黔酒阵营，在亚洲金融危机等因素冲击下，几乎全军覆没，失语于中国白酒市场。[1]

随着社会主义市场经济的推进，中国从短缺经济走向丰裕经济，进入了一个"遍

---

[1] 季克良. 让历史告诉未来——梳理茅台国营一甲子所得[N]. 贵州日报, 2011-9-16(02).

地是金"的年代。当时的市场强调以"快"取胜,速度为王。流行的江湖话语叫"天下武功,唯快不破"。一组漫画是这样画的:一群个头较小的快鱼冲向一只巨大的慢鱼,转瞬间,大慢鱼只剩一副支架。当然也有一点不同的声音,如海尔张瑞敏感叹:以前是大鱼吃小鱼,现在是快鱼吃慢鱼。但是对于国企而言,无论快慢,总是很难吃掉的,所以海尔只"吃"休克鱼:激活它的管理。

季克良在 2003 年对茅台当时的反应有所总结,他说:

在一些企业靠广告轰开市场,一夜成名,风行全国的时候,茅台却忙于引进设备,苦练内功,忙于吸收消化国际先进的质量管理办法。

在不少"文化酒"新锐靠"酒文化"迅速崛起的时候,作为中国白酒文化当之无愧的代表者之一,茅台却没有过多地张扬自己辉煌的过去,而是致力于白酒品质的创新,不断打造产品质量这把市场的利剑。

在白酒企业热衷膨胀市场规模,搞品牌延伸的近几年,茅台却走着企业内涵发展之路,坚持着酱香型白酒这一核心品牌的自我完善,不搞品牌外延扩张,开发出了适应市场需求的中低档茅台王子酒——茅台迎宾酒。

数度冲击,茅台人都表现出了惊人的沉着和坚韧,不为眼前利益放弃企业的长远目标,不追求轰轰烈烈,却在努力夯实白酒的坚实基础。

遭遇挑战:质量还是效益

1998 年后,茅台的质量观至少经受了两次重大挑战。

一次是在国务院提出"以效益为中心"的倡导后,有人对季克良说,你怎么话都不会说?现在中央倡导以效益为中心,你怎么公开说茅台要以质量为中心?

面对质询和不理解,以季克良为首的茅台领导班子表现出特有的原则性和灵活性。季克良明确表示:我们接受批评,以后不公开说了,但是茅台必须以质量为中心,而不是效益为中心,坚决不能改。因为如果以效益为中心,就可能会有以次充好、偷工减料的现象。而以质量为中心,则可能提高竞争能力,最终可提高效益。不管别的企业如何做,茅台还是应走质量效益型道路。

另一个考验是:进入市场经济,在强调以消费者为中心之后,质量是不是不重要了呢?季克良认为这是一个既复杂又简单的问题。企业要生产消费者想要的商品。而消费者想要的商品,首先是质量好,质量更加重要了。[①]这样一梳理,质量更重要了,"以质量为中心"和"以消费者为中心"之间并不存在矛盾。

这里涉及的是两个问题。

第一个问题是企业的核心价值观与非核心价值观的区别,即对企业来说,哪些是可变的,哪些是应该恒久不变的。同时,当企业面临"非此即彼"式的两难决策时,它必须以核心价值观为决策依据。

《基业常青》一书提出"核心理念"是企业得以存在的根本,作者这样说道:

最重要的,是不要把核心理念与文化、战略、战术、作业、政策或其他非核心的做法混为一谈。日久年深之后,文化标准必须改变,策略必须改变,产品线必须改变,目标必须改变,权限必须改变,管理政策必须改变,组织结构必须改变,奖励制度必须改变。到最后,公司如果想成为高瞻远瞩的公司,唯一不应该改变

---

① 季克良. 我与茅台五十年[M]. 贵阳: 贵州人民出版社, 2017: 98-106.

第三章 敬畏质量：新工匠精神的核心价值

的是核心理念。

不仅如此，核心理念能够为企业前进提供源源不断的内在驱动力，通过与其他方面形成互动，驱动着企业的自我更新和变革。惠普以"尊重和关心每个员工"为核心价值观（惠普之道），通过制定内部晋升政策，转化为许多方面的措施，来评估和提升员工。任何行为模式不密切契合"惠普之道"的员工，几乎不可能成为高级经理人。

核心理念的典型例子是儒家文化中的"仁"。孔子对"仁"的理解最核心的几条表述包括仁者爱人；克己复礼；己所不欲，勿施于人；己欲立而立人，己欲达而达人等。但对"仁"的实现形式是千变万化的，比如在孝道、勇气、礼节等问题上，古今已经发生了巨大的变化。

从茅台的发展看，质量很明显正处于这样一个地位。任何与质量相冲突的价值和目标，必须为质量让路。"四个服从论"就是这样一种表述。

为了质量，茅台没有完全固守传统工艺，而是对其进行了现代化改造，引进烤酒、储存方式。在温度调节、甑子形状、厂房建设、技术革新上不断努力，公司面貌发生翻天覆地的变化。茅台坚守的是质量，质量就是茅台的核心价值观。

第二个问题是对于质量的理解。

企业界一直以来就有质量、成本、速度三者之间存在冲突的说法。质量管理学家朱兰提出，这一争议的源头是因为人们没有理解质量的两层含义。他认为，质量既有免于不良（不符合规格）的一面，也有满足顾客需要的一面。二者的功能和影响具有显著的差别（见表3-2）。

表 3-2　朱兰对质量的两种定义

定义	免于不良	满足顾客需要的产品特征
功能	较高的质量使公司能够 • 降低差错率 • 减少返工和浪费 • 减少现场失效和保修费用 • 减少顾客不满 • 减少检验、试验 • 缩短新产品面市时间 • 提高产量和产能 • 改进交货绩效	较高的质量使公司能够 • 增加顾客满意 • 使产品好销 • 应对竞争要求 • 增加市场份额 • 提高销售收入 • 卖出较高价格
影响	主要的影响在于成本通常，质量高花费会更少	主要的影响在于销售额通常，质量高花费也高

来源：朱兰质量手册（第五版）。

对于质量管理部门而言，通常倾向于"免于不良"这一定义，认为质量就是符合规格。由于他们不直接接触顾客，所以难免会忽视顾客所关注的部分规格。而对于顾客需要的关注，有助于他们对产品质量的完整理解。

相应地，朱兰区分小质量（小写的 q）和大质量（大写的 Q）的概念。而从季克良的职业生涯发展中，可以看出存在着从小质量向大质量扩展的过程。

他说："在最初，我还是发挥我的专业特长，抓茅台酒生产质量，讲究质量的稳定性。那个时候还没有认识到销售的重要性，反正是统购统销，确实也不需要我去抓"。

"到后来，企业推行全面质量管理，才逐渐明白质量跟很多方面有关，于是我提出了'制曲是基础、制酒是根本、贮存勾兑是关键，检验是卫士'，最后走

第三章 敬畏质量：新工匠精神的核心价值

向市场，还有抓好客户服务质量。"[①]

茅台与一般产品的区别在于，其核心产品的口味在发展过程中，逐渐定型，尤其是飞天茅台，几乎达成了一种客观的标准。类似于老福特曾经说过的那句名言："消费者可选择任何颜色的汽车，只要它是黑色的"。

但是后来我们知道，福特为这句话付出了惨痛的代价。

从消费者心理的角度看，茅台在质量方面仍然大有可为，例如，不同层次的消费者对质量的理解存在差异，为此茅台不断向产品中注入文化因素、科技因素、绿色因素，这三个方面已经成为茅台大质量观的重要构成，是茅台品牌价值的来源。从这个意义上看，质量改进确实永无止境。

[①] 季克良访谈录音，2018.7

第四章
以人为本：新工匠精神的指导原则

第四章 以人为本：新工匠精神的指导原则

企业的进步其中一个重要因素就是员工的素质。每一个员工都应该多花一点时间来学习，学习先进的科学技术和应用知识，向世界看齐。如果我们仍是碌碌无为，是会脱离世界的，是一支拉不出去的队伍。

——季克良

要理解茅台"以人为本"的工作，既要看到公司的国有企业性质，还要看到茅台所处环境、员工构成的特殊性。由于地处偏僻，茅台职工的来源以本地人为主。茅台员工相互之间公私关系交错复杂，形成了一种准家庭的氛围。季克良对此曾经有过评价："在茅台推动改革的过程中，利弊参半，但在公司文化的正确引导下，利大于弊。"

与此同时，茅台坚持长期艰苦奋斗的奉献精神，同时重视员工福利改善，二者相互配套、相得益彰。质量掌握在一线操作工人手中，公司对员工个人的尊重和爱惜，以心换心，将员工培养成才。

管用的思想政治工作

思想政治工作是具有中国特色的企业管理方式。从宏观层面看，它是中国共产党实现对国有企业领导的一种方式。从微观层面看，它又是国企最重要的管理思想资源之一。中国经济从计划经济转型而来，国有企业现成可用的管理思想资源并不多，20世纪80年代和90年代的企业领导人能够接触到的思想基本上是中国共产党在战争年代的军事管理思想，其中最重要的是毛泽东的管理思想。这在中国第一代企业家身上都有明显的印记。

思想政治工作首先强调的是集体主义信仰。在政治挂帅的计划经济年代，是让员工个人接受集体的统一安排的有效措施。从事这一工作的管理干部常常是代表组织，掌握政策，属于单位的权威部门。

而在社会主义市场经济年代，企业作为经济建设的基本单元，原本意义上的政治性质在慢慢淡化，思想政治工作的形式和内容也相应发生了变化，其重心也相应转化为服务于经济建设和企业改革。笔者仍记得20世纪90年代中期在国企工作时，还参加过此类培训班和会议，讨论新形势下企业思想政治工作如何开展的问题，以及如何将企业文化建设与其相结合的问题。其共同点是尝试改变人们的思想，让他能够按照公司的统一部署行动，这种统一部署，就是企业内部的政治正确。

作为一个计划经济时代走过来的国有企业，茅台酒厂仍然深深铭刻着政治挂帅的印迹，最主要的原因当是管理人员和员工对此种管理手段高度一致的认可。利用思想政治工作这个武器，激发员工的内在自豪感；宣扬爱岗敬业精神，发动员工一起为企业作贡献。对于当时地处山区的茅台员工来说，由于相互之间都沾亲带故的，公司就是家。这种情境中，思想政治工作无疑能够起到凝聚人心的作用，也是当时茅台管理者运用的重要思想工具。

作为国有企业负责人，季克良在1991年再次上任茅台厂长，到后来任董事

第四章 以人为本：新工匠精神的指导原则

长的历年工作报告中，都提到了思想政治工作对茅台发展的重要性。这种重要性不仅仅是在口头上，而是各层级，尤其是车间层面有实际的行动。

老车间主任任毅讲到他们如何用思想政治工作这个武器来改造一位"刺头"的。

过去包装车间有一个出名的"刺头"，上到领导、下到车间班组职工，对她无不感到头痛。更恼火的是她能说会道，任何人找她谈话，她都像爆炒四季豆——油盐不进。多次谈心总是无效。在厂领导"要看到闪光点"的启发下，支部一班人进行了专题研究。

首先理解意义，形成共识。因为只有统一了认识、统一了观点，才能形成统一的方法和策略去做好工作。支部确定了一个办法，那就是：如果原来是专门找该同志的缺点的话，现在就专门找她的优点，其目的是为了改变大家对她的片面看法，学会用辩证的观点看人待物。这一招还真灵，大家在为这个职工找优点时，确实发现了她身上的许多"闪光点"，如她心直口快，从不隐藏自己的观点和看法，虽然有些观点看法是十分错误的，但这只是一个引导的问题。她能说会干，心灵手巧，曾是包装车间有名的地板操作能手，样样活儿拿得起放得下，工作不怕苦、不怕累，能服从工作安排，包装22道工序，哪一道也难不倒她，比起那些投机取巧、小病大养、专找轻巧活干或只会说不会干的人来，她是好样的。另外，她虽在上班时间找你吵闹，但只要你能到她家里去坐一坐，她又是另外一种态度：热情大方，茶水周到。

看到了"闪光点"，对人的认识就有了改变。支部成员首先带头改变了过去那种对她专门指责的做法，积极主动与她对话，耐心地、冷静地倾听她的各种意见，也包括牢骚。在接近她的最初阶段，不讲大道理，而是从关心她、理解她、同情她、帮助她解决家庭实际困难入手，针对她因夫妻矛盾思想苦闷、无心顾家的状况，启发、开导她树立正确的人生观，坚定生活的信念，寻求自我价值的实现。

支部还派人帮助她漆屋子，安装电路，修理洗衣机等，这样做的目的有两个：一是分散她在夫妻矛盾方面的注意力；二是从关心她的生活入手，取得共同语言，加强情感交流，把思想工作落到实处。应该说，人都是有感情和良知的，但又必须具备一定的条件和情感基础才有沟通和交流思想的可能，讲道理才能听得进去。在对这个职工的转化工作中，支部人员还有两点体会：一是思想转化工作具有长期性和阶段性，不能急于求成，不能半途而废，更不能虚情假意走过场、做样子，必须真诚地去做；二是允许有反复，要有耐心，沉得住气，一点一点地去启发、教育和纠正，才能取得效果。

最终该职工有了很大的进步和转变，慢慢地能与人和睦相处，能主动支持班里、车间里的工作，提意见也客观公正多了，并能主动地接受班组、车间制度的约束，家庭生活也井井有条了，邻里关系更加和睦了。

从上述例子可以看出，茅台在对工人的思想政治工作方面，是非常人性化的，是一个大家庭式的集体主义文化。它完全是从关爱工人、帮助工人，进而实现让工人自觉认同集体，融入集体的过程。

从季克良在历年的年度工作总结、很多内部讲话的内容，我们还可以看出茅台思想政治工作主要包含以下内容。

（1）服从大局的需要，宣扬企业核心价值观。国企茅台要紧随中央政策的调整和主旋律，不同时期有不同的宣传重点，比如"三讲""三个代表""八荣八耻""科学发展观"。这些宏大的概念经茅台的转化，与"以质量为中心"这一核心价值

第四章 以人为本：新工匠精神的指导原则

观形成了有机联系。

（2）企业变革中员工动员的需要，服务于经营机制变革。茅台处于持续的变革之中，包括体制机制的变革，从计划经济到社会主义市场经济，从粗放管理到集约管理，需要全体员工动员起来，企业上下拧成一股绳。在公司创一级企业（1991年）、争取质量贯标（1993年）和申报国家质量奖（1993年，2003年，2007年）、推动上市（2001年）等活动中，均需要干部员工全力配合，需要统一认识，这时思想政治工作的作用就非常突出。

（3）转变员工观念的需要。在实现机制转换过程中，很多时候需要部分员工做出必要的牺牲和让步，尤其是需要员工放弃固有的铁饭碗、能上不能下、能进不能出、平均主义的惯有思维情况下。例如，在1993年的生产下造沙工作会议上，季克良这样说："毛主席讲思想政治工作是一切经济工作的生命线，我想这句话至今仍有十分重要的现实意义。我们要搞好改革开放，就要解放思想，这就是需要做好思想政治工作。譬如改革当中有一条政策就是要在勤劳致富，合法经营的前提下让一部分人先富起来，然后走共同富裕的道路，这就需要克服原来的平均主义、吃大锅饭、端铁饭碗的一些陈旧思想，这就需要做思想政治工作。"

（4）思想政治工作是关心员工与加强管理的统一，在坚持企业改革方向的同时，让员工心情畅快。季克良多次提出，政工部门和人员要弯下身子为生产一线提供服务，而不能高高在上。要坚持正面教育，对少数职工中存在的这样、那样的思想问题，要做深入细致的思想工作，要真心，要真诚，要讲道理。还要切实帮助解决好职工的实际困难，要关心职工的疾苦。当然要坚持原则，敢于管理，善于管理，这也是思想政治工作的一个重要方面。

如前所述，思想政治工作既有较强的纪律约束性，又带有人性化的一面。它与企业文化建设有着共同点，也与企业人力资源管理工作高度重合，因此一直是季克良在茅台时将高层战略部署、中层的管理思路逐级贯彻到一线员工的责任意识的重要管理工具，在宣扬落实"以质求存、以人为本、继承创新"的企业价值观方面尤其如此。

把员工打造成器

《论语·公冶长》记载，有一次，子贡问孔子："老师，您觉得我是怎样的人？"孔子说："你啊，已经成器了！"子贡接着问："哪种器啊？"孔子说："瑚琏！"

器有多种，瑚琏是宗庙盛黍稷，如小米、黄米的最尊贵之器。孔子在此意指子贡对于国家社稷，乃是大器，有治国之才，足堪重用。

讲一个人成不成器，乃是传统中国人对人才的一种评价方式。从工匠的本意看，与"器"的意义基本类似。如前所述，"匚"就是指盛放工具的筐器。近代胡适先生曾经规劝年轻人要确立一个人生观，需要慎重地把自己这块材料培养、训练、打造成器。

企业即是产出各种"器"的地方。这不仅指的是企业最终要提供给客户一个"器"（产品），还有自身人才的培育，造就可用之"器"。一家企业要真正做到"以人为本"，必须重视员工的成长，鼓励他们把自己打造成"器"。这是打造学习型组织的另一种说法。与传统工匠独善其身、秘而不宣的保守思想相比，现代企业中的工匠精神打造需要更加开放式的集体学习，鼓励更多的人成才成器。

作为很长时间内茅台园中的极少数大学毕业生之一，季克良承担了两大使命：一是有关茅台工艺和传承的知识和经验总结；二是传播有关质量管理和科技创新的知识。他不仅努力把自己打造成了器，而且在企业积极培养，将员工打造成器。

有关自我磨炼的过程，他这样记载。

我总结了三点学习方法。

一是向实践学习。在那时，我经常参加周二、周五的劳动，还连续三年在班组当工人，了解生产的全过程。

二是向工人师傅、技术人员学习。不以知识分子自居，不懂的就利用各种机会，采取各种不同形式，向老师、向工人们请教。

三是向书本学习，学习微生物知识，逐步理解和弄懂茅台酒的工艺。[①]

尤为可贵的是，季克良不仅重视自身的学习，还愿意倾其所学，培训他人，提升员工的整体素质。1999年，他从上海参加《财富》论坛回来后，说自己感觉像一个小学生，企业要保持进步，关键在于员工的素质。每个员工都应该努力学习先进的科技知识，向世界看齐。

通过持续地努力，在大山深处，季克良从当年的普通工人队伍中培养出来一支后来在市场上叱咤风云的骨干队伍。

季克良对工人的培训始于1966年这个特殊年份。他在下放到车间工作时，发现工人对于发酵过程中微生物的存在与作用完全不知其所以然，造成执行工序时对工艺要求不理解，便决定有的放矢地进行科学启蒙。这样，他结合生产现场，

---

① 季克良. 结缘八十载，相伴半世纪[N]. 国酒茅台，2018-4-1.

就近取譬，为工人讲述大学高年级才能明白的微生物课。

1976 年，茅台开办了自己的"大学"，学制两年。而在此之前，1972 年和 1975 年，茅台招录了两批约 600 名新工人，他们是社会知青，具有一定的文化素质，但是缺乏酿酒的专业知识。为此，季克良担任其中最重要的几门课，如《微生物学》《酿酒工艺学》的专业教师，为茅台培育了一大批专业人才，后来成为企业的中坚力量。季克良说，培训员工，让员工学有专长，也是调动员工积极性的一种方式，"我们调动员工的积极性，也是为了调动微生物的积极性啊！"

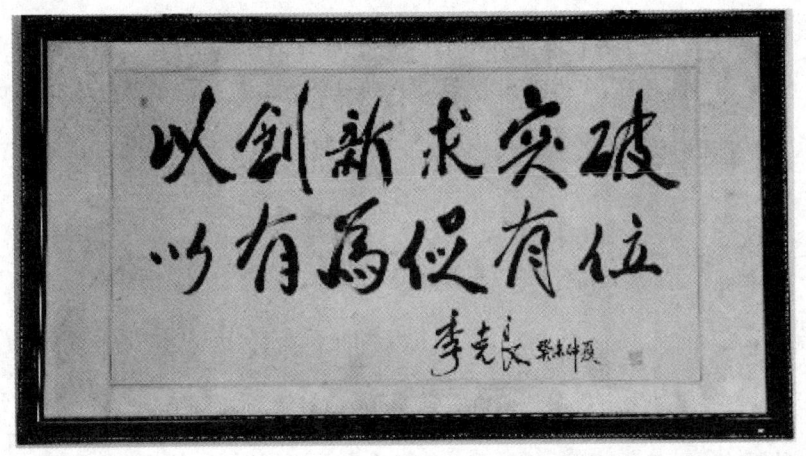

图 4-1　季克良书法———以创新求突破，以有为促有位

这种培训和学习，一方面仍然具有传统师带徒的性质；另一方面已经初步具备职业培训的成分。

随着茅台交通的改善和企业规模效益的提升，后面的专业大学生才陆续多了起来，但是相对企业对技术工人的需要，仍然相当不足。技工学习模式则基本转向职业学校提供基础理论培训，企业提供在岗"传帮带"的操作培训的结合。茅台找到了"质量管理"这一重要思想，各类在岗培训主要是通过各项操作规程和标准的制定和落实，严格的 ISO9000 质量贯标、QC 小组活动的开展等一系列活动展开的。

除了这种实际操作方面和质量管理方面的培训，随着公司人力资源管理工作日益完善，其他各个类别和层次的培训也陆续开展了起来。包括 MBA 培训、研究生教育等，2003 年还与天津科技大学合作培养博士后，季克良被聘为该校博士后导师。

几十年下来，季克良在这方面的工作可谓硕果累累。

一是建立了第一个国家级技术中心；二是争取了白酒行业第一个国家一级企业；三是建立了中国贵州（茅台）白酒检测实验室，成为国家认可的首家；四是建立了微生物菌种基因库；五是培养了一批既有实践经验，又有理论知识，既能运用现代分析手段，又能感观品评的高手，还有能制曲，能制酒，能勾兑，能包装，能管理的各方面的突出人才。

除此之外，一个企业的学习氛围的形成可能是更重要的。这方面，季克良不仅身体力行，长期亲自为一线员工授课，在茅台内部高度崇尚科技的精神，弘扬"科技兴企"。还大力提拔有专业特长的技术人员，为员工职业发展树立了一个个标杆。大家都懂得尊重科技、尊重知识，从而形成一种学习文化知识的良好氛围。

正是有了员工一个个成"器"，企业才得以成为"大器"。

理性、宽容、分权、倾听

酒厂本身就是一个车间单位，生产压力大，干部要参与劳动，与工人同吃同住，打成一片。工人利益与管理干部利益，是分不开的。所以当时的很多厂级领导实际上没有特殊的待遇,甚至可以说他们并不是真正意义上的管理者,而只是一个高级技术工人。季克良曾经动情地回忆王绍彬副厂长的事迹。

除了开会、值班及到厂部找人商量问题外,他几乎所有的时间都在班组和车间工人一起研究、分析生产情况,解决生产问题,往往是边指导生产边和工人一起干。他的一些徒弟还和他住在一起,经常是三、四人,有时是五、六人同处一屋,往往讨论问题到深夜,诸如水分问题,水汽问题,堆积发酵深度问题,如何培养窖底等。一些工人下班后也不回家,经常到他那里去,同他拉拉家常,说说生产工艺上的事。

他是一个只讲奉献,不求索取的人。在他任副厂长期间,曾分管过劳资,这个在当时是比较重要的工作,可是他权为民所用,情为民所系,利为民所谋。他在调资、晋升、调动工作等问题上始终坚持按政策办,从不为自己的子女、亲朋好友、徒弟谋利,深得群众拥护。

到了社会主义市场经济时代,季克良第二次上任厂长时,情况已经发生了较大的变化。首先是企业自主权逐步得到落实。而社会主义市场经济内在的要求,建立现代企业制度,企业要"砸三铁"(铁饭碗、铁交椅、铁工资),开展各项制度变革,管理人员与员工之间的差异逐渐拉大。企业经营需要管理人员承担更大的管理责任,从而也有了更大的职权。

在这种情况下,不同领导者的管理风格就体现出差异,本质上在于对权力的使用。领导风格有三种典型的方式:(1)专断独裁型,发号施令型,要求他人依从,为人教条而独断,凭借奖惩的职权进行领导;(2)民主式,也称参与式,就计划和决策与下属磋商,鼓励下属参与,努力赢得他们的支持,没有得到多数同意便不采取行动；（3）放任式，领导极少运用权力，给予下属以高度的独立性，各自追求自己的目标。

技术干部出身的季克良一直兼任公司总工程师。其个人的威信树立主要不是依赖于行政职权，而是技术上的权威，说话让全公司上下信服。正是有了这种自信，上任厂长之后，季克良大胆推行民主式的管理风格。这一风格体现在四个方面：理性、宽容、分权、倾听。

民主管理的基础是大家认可做事存在一定的客观标准，即都认一个"理"字。如果有分歧，以有理人的意见为准。这是技术干部出身的人所认可的科学技术理性。从学术民主、科研民主到管理民主、政治民主，其实只有一步之遥，是很自然的延伸。从科学之源衍生为民主之果，一脉相承。

质量管理本质上是一个科学问题。在茅台全面质量管理的推广过程中，季克良保持其一直以来的风格，始终都是站在一线，手把手地培训和指导员工，面向员工说理。他把质量作为他的信仰，为质量提升而奔走呼告，不知疲倦。

与民主的多数人意见原则相对应的，是宽容。

胡适先生曾经写过一篇题为《容忍比自由更重要》的文章，他说的是思想上的宽容。对于企业来说，主要指的是对别人犯错的宽容。这种宽容之所以重要，在季克良看来，可以从积极和消极两个层面看，这两个方面又恰是科学与人文的结合。

从消极层面看，人都难免会犯错。在一个组织中，如果一犯错，就会遭受惩罚，人就会感到组织的冷酷无情，进而对组织有怨言。很多管理者从事管理工作久了，往往会忘记这一点，对下属要求极其苛刻。

从积极层面看，犯错是科学实验和创新的属性和必然。任何一项科技发明和创新，都是一个试错的过程。大发明家爱迪生说过"失败乃成功之母"，错误本身是符合客观规律的存在。

2005年1月，季克良在《茅台酒报》推荐了一篇该报发表于2004年年底的千字小文章《宽容》，要求茅台的各级领导认真阅读品味。批示原文如下（见图4-2）：

这篇文章写得好，思想性强，值得各级领导学习！要下面的同志做到的自己首先要做到。

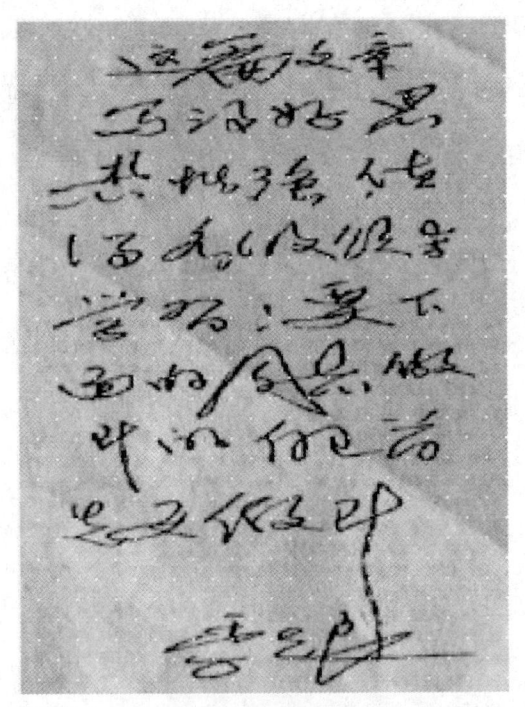

图 4-2　季克良手稿

文章的作者叫林杰波，是茅台子弟学校的教师。她开头称自己是一个赏罚分明、原则性强，既严于律己且严于律人的人。即使是对小孩子，也应该坚持原则。比如上课时间说了7:30，绝不能7:31，迟到了必须接受处罚。

第四章 以人为本：新工匠精神的指导原则

但是有一天，她睡觉过了头，路上又遇到堵车，结果迟到了。她怀着内疚、忐忑的心态进入教室向同学们道歉。她以自己之心去揣度孩子，结果孩子们的反应出乎他的意料，说没关系，不罚她。刹那间，她明白了宽容的宝贵。

季克良让各位领导要宽容，其中正包含着容忍员工非本意的失误或犯错。所谓"宰相肚里能撑船"，一位领导干部的格局正体现在"宽容"二字上。

季克良一次在与《中外管理》记者的对话中提到了"忍耐"，其实也是说领导者要宽容与自己不同的意见。

我们不能搞"一言堂"。在领导者意见受挫时，必须学会忍耐，决不能用行政命令或个人权威去抵制反对的意见，那样企业不可能发展好，也只有学会了忍耐，才能做到顾全企业大局。

民主管理还体现在分权问题上，季克良曾坦诚地说：

我主要是一个技术干部，有关行政等方面的其他事情，我一方面也不是太懂。另一方面年纪大了，也没必要再去学。让其他副总去管，他们也更有积极性。因此我基本上都是放权。涉及重大的事情才要求放到办公会上讨论。①

对于权力，季克良有着异常清醒的头脑。他似乎从来不觉得自己有什么特权，认识到管理者的第一职责是责任而不是权力，权力的真正来源不应该是职权，而是一个人的人格力量。他曾这样说：

权力是把双刃剑，既可以用来为民办实事，也可以用来为己谋私利。从实质上说，权力是一种责任，当掌权的人尽到责任时，他的人格力量就强；当他尽不到责任时，他的人格力量就弱；当他用职权去为自己和亲属、朋友谋利时，他的

---
① 引自访谈记录。

人格力量就全部丧失了。

权力的影响力不是真正的人格力量。当你有权时，自然会有一些人围绕在你的身边，给你吹"暖风"、唱"赞歌"、送"厚礼"。但那却不一定是人格的力量，真正的人格力量，是和权力的影响力脱钩的力量，公道自在人心，只有群众的口碑和历史实践的检验，才是衡量人格力量的公正尺度。①

这让人不由得想起孔夫子的名言："为政以德，譬如北辰，居其所而众星拱之"。

民主式管理更多地体现在程序上，企业变革牵涉众人的利益，必定有各种不同的声音。茅台的推动和深化厂务公开方面，做得也是非常彻底的。这从当时《茅台酒报》（1999）上《职工论坛》栏目会刊登一些大胆地呼吁企业民主的文章可以看得分明。

我们必须认识到，企业重大问题的决策，事关企业兴衰。发挥集体的智慧，实行民主、科学的决策，是防止和避免决策失误的最有效的方法。在重大问题上搞个人说了算，把什么权力都揽在自己手上，既不尊重党委的意见，也不听副职和其他同志的意见，这是对厂长（经理）负责制的片面理解和歪曲。搞独断专行、个人权力至上，最终都不会有好结果。

当前，国有企业的改革和发展处在关键时期，调动包括工人、经营管理者和专业技术人员在内的全体职工的积极性，尤其重要。一个人的本事再大，决策再正确，如果得不到职工的理解和支持，企业改革和发展的任务也是不可能完成的。特别是困难企业，必须把企业实情向职工讲清楚。

季克良在任时推动了多项重大的变革，他和班子成员都表现得坚决而民主。

---

① 季克良.国有企业负责人的人格力量[N].中国企业报，2004-9-17.

第四章 以人为本：新工匠精神的指导原则

一方面，作为一个意志坚定的企业领导，必须坚持大的改革方向不动摇，即迈向现代企业制度，适应社会主义市场经济发展；另一方面，坚持程序上的公开公正性，通过职代会和工代会进行商议，让大家畅所欲言，从不搞"一言堂"。通过厂务公开，着力解决"公"字和"诚"字，以实效取信于员工群众，推动了企业民主监督的进程。鼓励各方面发出声音，通过倾听，解决一些员工的后顾之忧，发挥国企思想政治工作的优势，进而推动改革。

一直以来，茅台的改革之所以进行得比较顺利，与季克良这样一种民主风格分不开。很多茅台人最佩服他的就是这点，认为他在改革上能够照顾到各方面的利益。

不是以"每个人"为本

"以人为本"的思想源头，从现代管理学发展历程来看，应该是源于霍桑实验。在此之前的企业当然也不是完全忽视员工福利，而是试图在员工福利与科学管理的效率提升之间达成一种平衡，效率常常成为压倒性的因素。经历霍桑实验后，管理者开始认识到人是"社会人"，人际关系学派和组织行为学派由此兴起，这是相对于福特制工厂"经济人"假设——"见物不见人"理念的一种反动。

与"以人为本"直接相关的一个有影响的管理学理论是"X理论/Y理论"，它由麻省理工学院教授、心理学家麦克雷戈所提出。他认为管理者根据他对人的不同假设进行管理，而当时工业界最为流行的是X理论，其假设是人是厌恶工作、

季克良：酒魂匠心

懒散、好逸恶劳的。而他主张有与此相对的 Y 理论，即人并非天生厌恶工作，人愿意主动承担责任，实现个人的目标。

尽管这些理论非常具有启发性，但是正如德鲁克所说，管理的本质是实践，重要的是绩效和目标达成。企业里面的员工众多，探讨他们的本性善恶并不是值得管理者关注的好问题。从实践来看，人性是复杂的。经理人更应关注的是人能为企业贡献何种"价值"。

笔者在茅台内部报纸上注意到一篇文章《以人为本不应是简单的"自然人"》，文后附有一段"编后语"。

我赞成这篇文章的"以人为本"，当时提出着眼于群众观念，后来深化了。人不是停留在"自然人"（借用），而是不断前进、有所作为的人，因此在于"塑造"人，初期"塑造"是靠熟练技能即技术，靠思想，现在要进一步塑造的是具有"科学（素养）"的人。科学技术应该是一生产力。

厂长季克良
1992 年 5 月 27 日

很明显，这篇文章道出了季克良的人才观和对"以人为本"的基本理解。梳理下来，它有三个主要观点。[1]

第一，公司"以人为本"的本意是"以人才为本"，是指能够为企业做出贡献、创造价值的人。

茅台酒厂发展总的战略方针是"以质求存，以人为本，继承创新"。但是，

---

[1] 以下段落尽量引用其原文，词句上在符合原意的基础上略作修订。乙文. 以人为本不应是简单的"自然人"[N]. 茅台酒报, 1992-6-15 (2).

人的概念是一个广义的概念，以人为本的"人"的意思，在这里显然不是一般的"简单人"或"自然人"，因为如果这样的话，未免层次太低。"人"在这里的意义，至少也应是"具备着较好的文化素质、思想素质、道德素质、某种科学技术素质的人"。这样的人，由于他潜在的创造能力、工作能力的发挥，才有可能为企业创造更多的价值。

第二，"人才作用"具有历史性和层次性。在不同历史阶段，公司对员工的要求也有所不同，"有用的人"有着不同的含义。

最早所谓"有用的人"局限于认为是掌握了单纯生产技术（能制曲烤酒）的范围。某人越会制曲烤酒，被认为是作用越大，越受到社会和企业的尊重。由于科学的引进，科学研究工作者的涉足，对于茅台酒科研活动的开展，传统的人才观念开始注入了新的内容。在茅台酒的生产活动中，"师传徒受"不再是唯一的专利，科学理论破天荒地阐释和总结了茅台酒生产工艺的奥秘，并且越来越深入到工艺的内核，从把握微生物酿造工程，到茅台酒工艺的自然特殊性，发挥其应有的指导生产实践的作用。

在这种环境下，个体的酒师班长之间传统经验技术的掌握程度相差不大，那些文化素养、科学理论素养较高的酒师班长更具有良好的应变能力。如，一起生产上突发的异常情况出现，他们就不会仅仅停留在经验上去分析原因，而会从理论的严密性上去寻求问题的答案。这样，用科学理论知识武装了头脑的酒师班长，比那些单纯凭经验酿酒的酒师班长，其作用或创造性能力就大得多。

第三，人才意义的广延性。现代全面质量管理要求各个岗位人才的相互配合，企业用人才应该不拘一格。

季克良：酒魂匠心

　　科技人才不单指自然科学的人才，还包括诸如管理科学、经济科学、信息科学、政工研究等方面的人才。因为自改革开放以来，企业的生产经营不再局限于单一的、局部的、中断的生产环节，随着科学技术的发展，产品经济向商品经济的过渡，企业的生产经营早已逾越了单一程式，而代之于全面质量管理系统的综合的生产经营过程。随着改革的深化，企业向市场的全面推出，以经济建设为中心的生产工作客观上要求各个方面整体配合，相互关联，发挥不可或缺的作用。

　　事实上，季克良本身就是茅台用人观的一个典型范例。他身处异地，常常牵挂家乡的父母，一直打报告想调回家乡以尽孝。当时厂里为了留住他，用尽了各种方法，甚至动员省、厅领导来做工作。有一次，党委书记邹开良借出差上海的机会，在大年腊月廿七，冒着零下10多摄氏度的严寒专程赶到江苏南通，分别给季克良的生父母和养父母拜年。多年后，季克良回忆这一幕，说自己确实是感动于邹开良书记等各级领导的盛情，最终选择留下来。

第五章

继承创新：新工匠精神的思想基础

第五章　继承创新：新工匠精神的思想基础

> 人类社会进步表明：文明建立的过程来自一个又一个矛盾关系的和谐解决。传承与创新亦同样是这样一对矛盾关系。在茅台的发展之路上，如何处理好传承与创新的关系，是我们必须时时刻刻面对且事关未来兴衰的大事。
>
> ——季克良

传统与现代工匠精神之间存在着一个重要的不同，就是对于创新的态度。传统工匠主要基于经验，由于缺乏科学的指导，常常是知其然而不知其所以然，所以对创新主要抱抗拒态度，也不知道创新该如何着手。在社会主义市场经济环境下的新工匠则借助于科技手段，通过探索"其所以然"，寻求创新突破。

我们十年之内没有发言权

今天的互联网时代，也是一个创新为主导的年代。很多企业动辄喊出"颠覆"的口号，要搞"颠覆式创新"。其中有些确实对原行业产生了颠覆式的影响，但很多是没有想明白而产生的幻觉。更多的则是纯粹想制造轰动效应，说到底就是想忽悠消费者。

作为一项全新的技术，互联网的出现无疑带来了很多创新，对很多传统行业的内在有一定的颠覆性，如零售业、金融、娱乐等。但是，它很难完全抛开现实

季克良：酒魂匠心

而重起炉灶。因为常识告诉我们：消费者的需求是最核心的问题。零售业的本质是便利商品流通，金融业的本质是服务于实体经济的资金融通。互联网并不能改变这一本质，更多的是变革企业满足消费者需求的方式，以进一步节约交易成本。

如果将镜头回放到 50 年前，在茅台镇这样一个偏僻的山区，面对着陈旧的设施，原始的手工酿酒作业，一位青年技术人员却对此肃然起敬，感慨良多。他对着同伴说了一句："对于茅台酒的生产，我们十年之内没有发言权……"

这句名言后来被记录在季克良的各类传记之中，显然它不是在说创新，而是在向传统致敬，属于继承的范畴。

相比于创新，继承总是显得黯淡无光。在一个狂飙猛进的年代，它的同义词就是保守落后、谨小慎微、难成大事。

然而，没有继承，何谈创新？季克良用辩证法阐述过一些对立的矛盾体关系，他说："光明与黑暗。若没有光明，又怎会反衬出什么是黑暗，若没有黑暗，人们又怎会知道光明的可贵。又如，白与黑。若没有白就无所谓黑，没有黑也无所谓白"，矛盾对立双方总是相辅相成、互为存在前提。继承与创新正是这样一对矛盾体。

这些道理似乎并不难明白，难的是践行：哪些该继承，哪些该创新？如何才能继承？

据考证，茅台酒的回沙酿造工艺自明万历 27 年（1599 年）已经形成，到清乾隆年间（1794 年）出现了正式的酒坊，此后日趋繁荣。[①] 三百多年茅台酒的生产工艺和酿造技术基本是以酒师衣钵继承为主。

---

① 引用自 1990 年的《茅台酒厂志》第 15 页。

第五章　继承创新：新工匠精神的思想基础

这种传统的工艺传承方法，有着"传男不传女"的祖训，对外严守秘密。如果下一代偏偏对此不感兴趣或悟性不够，手艺就难免有失传的危险。这是武侠小说中很多门派的宿命，现在的家族企业也有类似情形。

而在西方，工匠的传承由行会起主要作用。过去的几个世纪中，炼金术士和工匠都在努力保护他们的"行业"秘密。实际上，专利制度正是起源于对行会工匠的设计和商业秘密的垄断和保护。于1790年实施的美国宪法（第一条第8款）也承认了发明的好处，授权国会颁布专利立法。19世纪，英国对技术工匠向欧洲大陆的迁移施加了严格的限制，避免他们将工业革命相关的知识泄露到新大陆。

在近代科学出现之前，传统工匠的手艺一直笼罩着一层神秘的面纱，有时被神化。且不说一些炼丹道士忽悠历代皇帝可以长生不老，最令今人所津津乐道的"庖丁解牛"，基本上就是一个神话。所谓"目无全牛"，其实只不过是庄子一种诗兴的幻想。试问：如果缺乏解剖学的知识，不对牛的身体结构有一个深入的了解，如何做到"以无厚入有间"？

经过五年的大学教育，季克良接受了系统的科学思维训练，掌握了丰富的微生物发酵知识。对茅台的工艺，他的眼界自然不同于之前的历任酒师。而在当时的茅台，除了老酒师郑义兴倾囊以授的"十四点操作法"，别无他法。当时的大学书本也仅用了一两百字介绍茅台酒的产地及特点，没有提到过其酿造工艺。因此季克良只能靠自己去现场观察、实地操作。工人们显然对这位来自外地、瘦弱的"书呆子"并不太买账，常常拿他开玩笑，捉弄他的事也没少发生。

图 5-1　季克良书法——敏于事而慎于言

实践的过程无疑是漫长而又艰辛的，更是平淡无奇的。这一期间，季克良经历了茅台酒生产的全过程：跟班组劳动、拉车、上甑、用手扬酒糟、制曲、蹲点，还当过记录员。40 年后，他对此做过估计。

我算过一笔账，一个班，每天要人工取糟子 18000 斤，人工背糟子 18000 斤，切糟子 18000 斤，上甑 18000 斤，下甑 18000 斤，从甑旁甩糟子到凉堂 18000 斤，翻楂打糟至少三次，54000 斤，翻曲至少两次，36000 斤，人工上堆 18000 斤，平均每天下窖 18000 斤，运各种辅料、抬酒等 2000 斤，造沙时还要增加翻粮 70000 斤，人均每天要扛搬运 20000 斤以上啊！尤其是夏天，下一甑 2000 多斤（在摄氏 100 度的环境下），在 15 到 20 分钟内完成，完了还要甩出几米甚至 10 多米远，要消耗多大的体力！

第五章 继承创新：新工匠精神的思想基础

那时候，窖期里还要下乡背粮食，还要踩曲子，还要去包装。生产时间里曲子自己拉，红粮自己背，工具自己领，维修自己干，酒自己交，窖泥自己挖，自己运，火自己发，茅草自己拔，所有的一切都是自己动手！[①]

当时的烤酒是人工烧火，每天凌晨两三点就要起来给炉子生火。工人工作长达 14 小时，整天没有时间休息。

同样是劳动实践，季克良与其他人看上去并无不同，那他是如何一点点挖掘出茅台的秘密的？为了理解这一点，笔者想借助知识管理学者的一个模型加以说明。

在知识管理学界享有盛誉的野中郁次郎（Ikujiro Nonaka）提出"创造知识的企业"概念，让"隐性知识"一词广泛流行。野中最大的贡献在于提出"SECI"知识创造模型，揭示了企业如何将隐性知识转化为人皆可知的显性知识的过程，成为日本企业成功的一大秘密武器。

SECI 模型描述了隐性知识与显性知识之间经过社会化（Socialization）、外化（Externalization）、组合（Combination）和内化过程（Internalization）（见图 5-2），它描述的正是将很多传统工艺进行科学总结的过程。放到茅台的具体案例之中，我们或许可以更好地理解它，从而也能更清楚地理解季克良多年来解开茅台工艺秘密的过程。

人们要和所认识的对象——这里是指茅台酒酿造工艺形成共鸣，其背后需要有一种对未知世界强烈的好奇心，它是一切工作的起点，也是科学思维的起源，借此可以将传统与现代区分开来。野中认为："社会化通常发生在传统的学徒制中。学徒通过手把手地接触来学习其手艺所需的隐性知识，而不是书面手册或教科书"。

---

① 季克良. 万吨梦圆[N]. 茅台酒报，2004.

我相信，当季克良第一次跟工人接触，学习茅台酒生产过程，并发现它与自己的所学相悖时，就引起了他强烈的好奇心，这种共鸣就产生了。

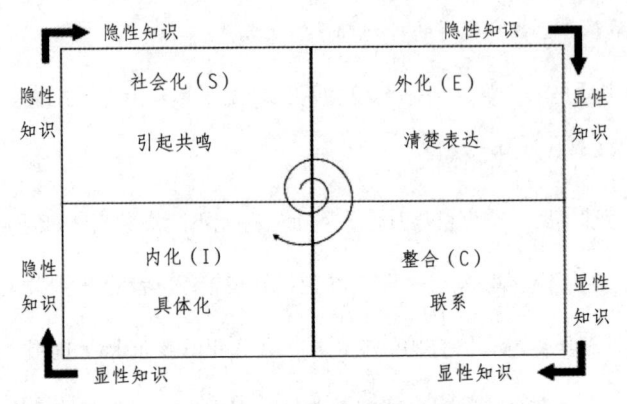

```
           隐性知识                  隐性知识
       ┌─────────────────┬─────────────────┐
       │   社会化（S）    │   外化（E）     │
隐性   │                 │                 │  显性
知识   │   引起共鸣      │   清楚表达      │  知识
       ├─────────────────┼─────────────────┤
       │   内化（I）      │   整合（C）     │
隐性   │                 │                 │  显性
知识   │   具体化        │   联系          │  知识
       └─────────────────┴─────────────────┘
           显性知识                  显性知识
```

图 5-2　SECI 知识创造模型

资料来源：Nonaka(2001)。

　　茅台的传统酿造工艺几百年来一直只是"在那儿"，借助于经验传承，但是它所隐含的知识并没有为人所真正认识或只有模糊的认识。只等待一个时机，一个合适的人来发掘这个秘密，将其外化为显性知识。季克良正是符合这一条件的人选，他所撰写的文章和内部报告，开辟了一条科学化的道路，让大家一起努力将茅台隐性知识显性化。

　　对于茅台这么复杂的酿造工艺来说，单个人、短期内形成的显性知识并不足以揭开其全部秘密。只有通过集体的、长期的努力，从不同视角对未知世界的探求，加以联系和整合，才能得窥其全貌，这是一个体系化的努力。对于茅台而言，就是季克良积极推进的企业研发体系和生产体系的结合。

　　1974年，季克良时年35岁，进厂正好十年。

第五章 继承创新：新工匠精神的思想基础

这一年，他总结了十年的生产实践经验，将其上升到理论高度，写下了一篇长达6000字的《提高茅台酒质量的点滴经验》（俗称"九条经验"）。真可谓"不鸣则已，一鸣惊人"，一下子便为茅台上下所接受，受到高度评价。

老酒师郑义兴评价说："你的九条有革新，说到点子上了。我们那时，文化水平低，看不到那么深"。[①]

的确，面对千年传统的积淀，我们没有理由不保持谦卑和敬畏。季克良内心对质量的敬畏感，以及所说的"十年之内没有发言权"，想必正源于此。少说，多看，多问，多学，成为一代酿酒大师的行事风格。

茅台工艺的继承与创新

在茅台工艺方面，哪些得到了继承，哪些有了创新？其中的行事准则是什么？

季克良对此已经做过一些总结。在继承方面，主要是回沙工艺。茅台酒酿造工艺精髓为世人所广泛认知的是回沙工艺，已经有了数百年的历史，到清朝道光年间（1821—1850）有明确的文字记载。直到今天，茅台仍然采用的是大曲回沙工艺，即通常所说的季节性生产、端午踩曲、重阳下沙、七次取酒、八次摊凉、九次蒸煮。

大曲回沙工艺之所以能穿越数百年或者是上千年的时空向下延绵至今，是因为这一传统工艺经实践检验证明，为最适合当地酿造出独具酱香风格茅台酒的工

---

① 唐流德. 酿酒大师［M］. 北京：作家出版社，2000，7：163.

艺。它是根据酿酒的基本原理，同时结合茅台的自然条件，并吸取了其他发酵食品的优秀工艺而设计出来的。

这种传统酿造工艺是赤水河流域的先民在反复的酿酒活动实践中总结出来的，是非常科学合理的，属于茅台所继承的精华部分。

在继承方面，最典型的例子大概是恢复人工踩曲的过程。

1967年，厂里第一台自制制曲机组试制成功投入使用。当时大家曾为之欢呼雀跃，认为这将极大地减轻制曲工人的劳动强度。

但是，后来经过反复的生产实践，大家觉得还是人工踩曲制出来的曲子更好。于是到1989年，酒厂决定全面恢复人工踩曲。

为什么呢？季克良谈到了其中的原因。

这当中就有一个微生物环境的问题。去参观过我们踩曲车间的人都知道，茅台酒的曲块是制曲女工一脚一脚踩出来的，踩好的曲块四边紧、中间松、呈龟背型。在踩曲的过程中，曲块的松紧、密度与后面进行的微生物发酵程度紧密关联。机器生产却无法完全复制工人们的经验和感觉，做到如人工一般的精密。

与继承相比，茅台的创新更为显著，层出不穷。

季克良在他的"结缘八十载，相伴半世纪"一文列举了自己参与的八项技改项目，除了第五项讲的传承，其他都是对原有生产作业的创新。

一是改煤火烧锅烤酒为蒸汽烤酒；

二是改天锅冷却为冷凝器冷却，但仍保证高温接酒；

三是甑子上口小变上口大，使气流畅通，提高质量，增加产量；

四是把泥窖、碎石窖、石头窖统一改为条石窖，事实证明，砌窖是科学合理的；

第五章 继承创新：新工匠精神的思想基础

五是机器制曲的革新，但后来又坚决拆掉机器压曲，恢复人工制曲工艺；

六是茅台酒1200吨"填平补齐"的技改工程，使其尽量布局科学合理，保证产品质量；

七是原三车间1号二层楼生产房的设计，后因运输周转较慢而重建；

八是大部分扩改建工程的工艺设计，适当地扩大了制酒生产房，改进了厂房的布局，如封泥池搬进了室内，保证了堆积发酵有充足堆积面积，满足了生产需要，为优质、高产、低消耗打下了坚实基础。

相比于这样一些具体的项目，更大的创新显然是茅台生产管理和技术标准的建设和推行。它已经不仅仅是技术创新，而涉及科学管理的引入和创新。

1975年，季克良提任生产科副科长后，为了使茅台酒传统工艺有章可循，确保生产质量，除了使已有的14项茅台酒生产操作要点不断完善、更加科学外，他还亲自制定了制曲操作规程、小型勾兑操作规程、包装操作规程，建立了相应的检验制度。后来演变成为作业指导书，并向上下游延伸。

在1988年争创二级企业及以后争取各项质量荣誉活动中，季克良等人建立了18项管理标准，14类技术标准，涉及技术工艺标准、质量标准、工作标准，更加详细、规范，还建立了全过程的质量检验，有效控制产品质量。

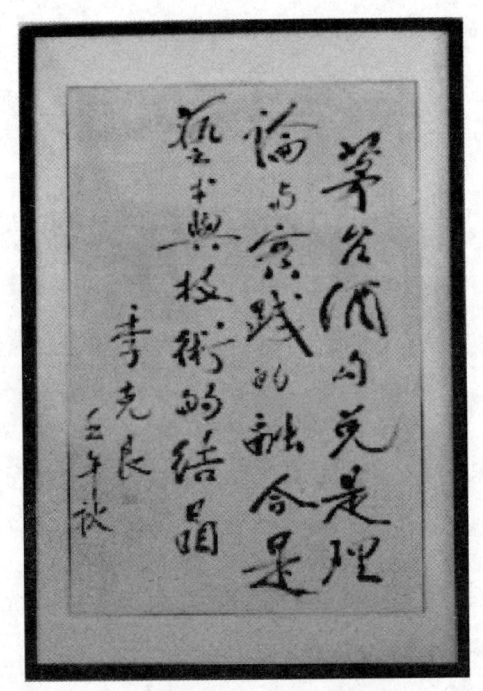

图 5-3　季克良书法——茅台酒勾兑是理论与实践的融合,是艺术与技术的结晶

到 20 世纪 90 年代,在季克良的带领下,茅台彻底解决了几个纷争。如发酵池由条石、碎石、泥窖之争,统一为条石窖;黑、白、黄曲之争,明确黄曲多好;投料水分的轻重之争,统一到轻水分。

综合上述,所有这一切,茅台的行事准则实际上只有一条:质量。

茅台的师徒制

传统工匠精神的传承有一种重要的形式就是师徒制,它是一种在实际生产过

第五章 继承创新：新工匠精神的思想基础

程中以口传手授为主要形式的技能传授方式。①

春秋时期，诸子百家兴起，各弘其道，广招门徒。最有名的莫过于孔子收了三千学生。《论语·先进》中《子路、曾晳、冉有、公西华侍坐》，构建了师生之间其乐融融的关系的范式。

中国传统师徒关系渗透着家族的伦理观，"天地君亲师"属于人们祭拜的对象。父亲与师傅的角色常常密不可分。首先，"子承父业"是很多行业工匠的一般做法。在这种情况下，父亲就是师傅（师父）。在此基础上，如果父辈招收了外人当徒弟，很自然地派生，是将其同儿子一样对待。于是就有了"一日为师，终身为父"的教诲，师徒关系呈现出亲密的、拟血缘化的色彩。《三字经》有"养不教，父之过；教不严，师之惰"，把父与师的责任分别加以明确了。

通常情况下，师徒关系所建立起来的彼此间的权利与义务，即使在授业关系解除后，依然延续。这不仅是个人情感的延续，更是"师"之拟君父化的礼法地位的体现。"尊师重道"历来是中华民族的传统美德。这为师徒关系与义务的延续，提供了社会伦理与文化基础，这也成为中国传统社会中维系"师体"尊严的重要层面之一。

这当然只是师徒关系温情脉脉的一面，师徒关系也可能存在激烈的矛盾。"教会徒弟，饿死师傅"说的就是这种情况。《列子·汤问》记载了这样一个故事。

神箭手飞卫收纪昌为徒。纪昌自以为把飞卫的功夫全部学到手了，于是谋划除掉飞卫。终于有一天两个人在野外相遇。纪昌和飞卫都互相向对方射箭，两个人射出的箭正好在空中相撞，全部都掉在地上。最后飞卫的箭射完了，而纪昌还剩最后一支，他射了出去，飞卫举起身边的棘刺去戳飞来的箭头，把箭分毫不差

---

① 吕妍，梁樑．师徒制技能提升模型对隐性知识共享的探讨[J]．科研管理，2008，29(5):78-83．

地挡了下来。最后两个人都扔了弓相拥而泣，彼此拜在路上，认为父子，发誓不再将这种技术传给任何人。

如果这事是真的，两名神箭手的技艺肯定是失传了。

在很多领域，学徒作为学习者，同时也是重要的廉价劳动力。在习业期间，学徒人身权利基本被剥夺，需要向师傅单方面做出保证。师徒关系本质上成为一种原始的劳资关系。

这正是茅台师徒制在烧坊时代的写照。

茅台酒的酿造工艺由酒师独家掌握，这是其营生的根基，秘不示人。酿酒工艺本身确实具有复杂性和专业性，学员短期内无法掌握，需要有个循序渐进的过程。师傅也不愿意轻易地传授外人，而是通过家族成员，来继承这一技艺。实在不得已，也希望能通过考察，找到合适的接班人。在烧坊，不同工种之间有明确界线，不可能随意转岗。很多人干了一辈子也没有见过茅台酒的配制工艺全过程。

酒师对学徒的技能传授，只能是寓教学于工作之中，通过工作的完成获得经验技能。酒师强调学徒要亲自操作，反复练习，一般由纯外围的工作开始，再进行简单操作，逐步深入，最终掌握全套制作工艺。师傅在整个过程中发挥演示、指导、修正的作用。

由于缺乏科学理论的指引，包括很多老师在内，对酿酒其实也是知其然不知所以然者，最终成就的高低，全凭学徒自己的悟性。酿酒大师李兴发就是这样一位悟性极高的学徒，全凭经验总结出三种香型体，这一成就可谓伟大。但是由于他并没有受过科学训练，不了解微生物发酵原理，这一发现仍然是停留在感性阶段，并未明白其中就理。

第五章 继承创新：新工匠精神的思想基础

1954年，茅台酒厂为了继承传统工艺，号召酒师们订立师徒合同。老酒师郑义兴思想开通，彻底抛弃了传统的家传习惯，挑选青年工人李兴发作徒弟，酒师王绍彬则挑选许明德作徒弟，毫无保留、耐心细致地传授技艺，是茅台酒厂最为人称道的佳话。茅台酒厂存档了当时的一份"师徒合同"，充分体现了这一时代师徒制的特点。[①]

时间：1955年6月1日

立合同人：

老师：王绍彬。徒弟：许明德。

老师：郑军科。徒弟：彭朝亮。

为了祖国的建设，酒厂不断扩建的需要，积极培养技术人才和建设人才，提高技术管理水平，经双方同意，特订此师徒合同，条件于后。

（一）老师意见：有一切酿茅台酒技术决不保留，全部与徒弟交代，多说多谈，保证徒弟学懂、学会、学精、学深，能单独操作并爱护徒弟。

（二）徒弟保证尊敬老师，虚心向老师学习全部技术，学懂、学会、学深，能单独操作后仍要永远尊敬老师。

（三）学习内容包括酿茅台酒整个操作过程：发原料水、蒸粮、下亮水、收糟温度、下曲、酒糟下窖、上甑、摘酒、踩曲、翻曲等一一交学清楚。

（四）老师保证全部技术限（于）1957年6月1日交会徒弟，徒弟保证全部技术限（于）1957年6月1日学会。

（五）此合同自立之日起至全部教学会能单独亲自掌握为有效。但尊敬老师

[①] 茅台酒厂公司志，方志出版社，2011。

季克良：酒魂匠心

一项要求永远执行。

（六）徒弟保证尊敬全体老师，并团结全厂职工。

（七）证明人：茅台酒厂党支部、行政、工会负责人。

1964年季克良初到茅台之时，茅台酒师已经对其酿造工艺进行了一定的经验总结，相比于烧坊阶段，其师徒制关系已经有所发展，宗法色彩有所减退。随着工人地位的上升，强调平等，学徒对老师的依附性减弱，但老师凭借其才能、资历、薪资等优势，仍然占上风。由于缺乏科学的介入，茅台酿造过程仍然具有相当的神秘性。据季克良回忆，郑义兴老酒师曾对他说，茅台酒的工艺，是一代又一代的酒师传下来的，神秘性特别强，只有在生产过程中才能悟出来。他特别强调，茅台酒的工艺是一点一滴从生产中得出来的，书本里没有，谁要坐在办公室，蹲在机关，想学到茅台酒工艺，根本没有半点可能。并指引他，让他在技艺上多跟李兴发学习。

当笔者问季克良，他有没有拜谁为师时，他回忆说，1970年自己去车间劳动，和李兴发副厂长一起共事三年多，李兴发当时就是手把手教自己，虽然没有行拜师礼，但他实际上就是自己的师傅。

近代资本主义生产方式的引入，让师徒制经历了一个现代化的革命性改造。这体现在：从手工技艺本身看，是科学技术的介入；从师徒关系看，则是由于科学管理的引入，将隐性的劳资关系显性化，传统的师徒制几无立足之地了。

工业革命的兴起让机器大工业代替了传统的人力手工制造。尤其是科技的发展，让多数传统工艺逐渐"去魅"，很多看似神奇的技艺，一旦弄清其背后的科学原理，将工作加以分工细化，使得原本需要一整套技能体系的工作被分成简单的、

第五章　继承创新：新工匠精神的思想基础

序列的、易操作、重复性的工作。这导致的结果是：对技工能力要求下降，对技工需求数量增加，使得传统师徒制逐渐被学校职业教育取代。

自 1964 年茅台两期试点工作以来，经历几代人的努力，终于解开了茅台酒生产的秘密，茅台酒厂日益成为一个现代化的企业。其中，师徒制虽然并未完全退出历史舞台，但已经呈现出与以往不同的特点。

其一，学徒不必向师傅学习复杂工艺，取而代之的是遵循操作规程，工作大大简化，其地位大大提升。但经验仍然起着重要作用，有老师傅指点，可以少走弯路，快速入门；其二，老酒师的角色发生变化，除了技术上的传承，还有管理和监督的职能，它不仅是职业技术传授制度，也是一种劳动用工管理制度；其三，传统的"师徒相承、口传心授"开始向新时期"在职教育"转型，开始重视理论和实践教育。这种以教学契约为纽带，使师徒间的责权更加明确，但是让传统的师徒社会关系彻底被解构了，以往的代际关联基本消失。[①]

改革开放后，中国工业开始了以数量扩张为主的发展阶段，国家在用工制度方面进行改革，即采取"先招生，后招工""先培训，后就业"的方针，企业不再主要招收学徒工，而更多地面向各大中专及职业技工院校招收工人。经历了现代化的变革，传统意义上的师徒制几乎不复存在。各类职业学校则通过引进西方先进教育模式，注重培养面向实践的技术技能型人才。

在茅台，虽然同样经历了上述变革，但是与其他企业有所不同，茅台仍然将师徒制视为一个优良传统加以继承。1989 年，茅台酒厂工会下发《关于对李兴发等同志带徒出师的表彰决定》，对在勾兑、制酒、制曲等方面开展带徒学艺表现

[①] 郑瑾瑜.中国师徒关系的变迁过程及其社会建构[J].现代交际：学术版，2017 (18)：175-176.

突出的老酒师给予表彰，颁发荣誉证书和奖品。此后，这项活动成为工会推动"传帮带"活动，"拓宽员工职业技术、技能培训渠道，丰富和拓展群众性经济技术创新工程"的主要形式。2008年，茅台起草并实施《师带徒活动管理办法》，2010年进一步完善，规范传统师带徒活动，按照"以老带新，以熟带生"的原则，分为公司和车间两个级别。

根据茅台公司2010年文件，师带徒遵循自由结对的原则，期限不少于两年。其中对师傅的资格要求是：从事专业技术工作十年以上，满足以下条件之一的：①获得公司副高级及以上职称或高级技工及以上技术等级；②公司任命的总工程师、副总工程师；③有独到见解和突出业绩，生产技术得到所在单位绝大多数人的认可。

第五条和第七条分别规定了师傅和徒弟的职责。

师傅的职责如下：

（一）结合生产任务和技术攻关项目，传技能，帮思想，带作风；

（二）对徒弟技术业务能力，严格训练，严格要求。

（三）带徒过程要有原始培训记录。

徒弟的职责是：

（一）尊重师傅，勤奋学习，刻苦钻研，认真实践；

（二）要有阶段性学习心得和体会；

（三）努力做到技术上等级，思想有提高，作风有转变，安全无事故。

可以看出，茅台这种"师带徒"制度更多地是出于对传统的尊重，作为员工培训的一项重要补充。它不仅有仪式，还有实际的考核。

第五章 继承创新：新工匠精神的思想基础

季克良在此方面身为表率，他的徒弟彭茵被中国轻工联合会和中国酒业协会评为首席白酒品酒师。2011年他招收李明灿、严腊梅为徒，并举行了传统的拜师仪式。

图 5-4　季克良 2010 年收徒仪式

资料来源：《茅台酒报》2011.1.2，第 2 版。

在具体考核方面，茅台针对不同岗位有着不同的内容。例如，包装车间的理论考试涉及品评勾兑、制曲、制酒等三套试题，包含企业文化、制酒（曲）应知应会、制酒工艺、制曲工艺、勾兑贮存工艺、白酒品评、食品安全七个方面。制曲出师考核内容共分为实操考核、学习情况考核和理论考试三大部分。在实操考核中，拆仓曲感官评价是必考项，也是学徒们在实操当中必备的技能，学徒们需根据考官现场提供的拆仓曲块，完成曲块鉴别、质量辨别、闻香三项考核。学习考核则核查学徒在理论、实操、经验、技巧等受训记录，并根据学习情况，考核人员进行现场提问，学徒口头作答，由车间、班组民主测评。理论考试采用分类命题、闭卷考查的形式对企业文化、茅台酒制曲生产知识问答、食品安全等相关知识进行考核。

第六章

产品本位：新工匠精神的本源

第六章 产品本位：新工匠精神的本源

> 茅台酒的勾兑是理论与实践的融合，是艺术与技术的结晶。
>
> ——季克良

工匠精神坚持产品本位主义。对于产品自身，工匠们有一种天生的追求完美的动机，在他们的嘴里，永远都是"不够好"。

这种对追求精品和完美的痴迷，未必能保证企业的卓越成长。但是缺乏这种精神和干劲，则很难想象它会是一个卓越的企业。因此，它是卓越企业的一个必要但不充分的条件。在季克良的身上，就有这样一股痴迷的精神。

53度是天作之合

对于一个精品的产生，古人常常会把它神化。中国古代铸剑就是一例。一把名剑的铸成，需要用动物的血，有时是用人血来祭剑。对于有些不世出的宝剑，祭剑的自然也不应该是常人。

《列士传》记载，战国时期，楚王夫人夏季纳凉，抱铁柱受到感应，怀孕生下一块铁。楚王就命一代名匠干将和莫邪用此铁为其铸剑。他们花了整整三年时间，铸成两把剑。剑名就用这对铸剑匠夫妇的名字：雄剑称干将，雌剑称莫邪。

鲁迅先生在《故事新编·铸剑》中，借助母亲莫邪之口，用生花妙笔描绘了

季克良：酒魂匠心

宝剑铸成那天的盛况。

当最末次开炉的那一日，是怎样地骇人的景象呵！哗啦啦地腾上一道白气的时候，地面也觉得动摇。那白气到天半便变成白云，罩住了这处所，渐渐现出绯红颜色，映得一切都如桃花。我家的漆黑的炉子里，是躺着通红的两把剑。你父亲用井华水①慢慢地滴下去，那剑嘶嘶地吼着，慢慢转成青色了。这样地七日七夜，就看不见了剑，仔细看时，却还在炉底里，纯青的，透明的，正像两条冰。

后来，干将果真被楚王以身祭剑。

产品做到极致，就具有了神性，被誉为"鬼斧神工"，这是中国古人常用的比喻。在国外事实上也有类似对产品或艺术品的崇拜。大艺术家米开朗琪罗说，塑像本来就在石头里，我只是把不要的部分去掉。法国雕塑家罗丹也说，我选择了一块玉石，去掉不需要的部分。日本指挥家小泽征尔对《二泉映月》的评价是："这种音乐应当跪着听，站着或坐着听都是极不恭敬的。"

季克良说："不是我成就了茅台，是茅台成就了我。"

站在产品自身的神性角度，这是对的。

回顾百年前，茅台在1915年旧金山的巴拿马万国博览会上参展。由于当时的中国尚处于农业时代，工业相当落后，没有什么像样的工业品展出，因此中国馆场冷冷清清。现场人员在搬运茅台到展厅最热闹的地方时失手，瓶破酒洒，酒香登时溢满现场，引得众人纷纷前来围观，最终夺得金奖。后来，就有人说这是特定时点上的信息大爆发，是产品自己在说话。

但是，那时的茅台就像一块未经雕琢的璞玉，其出身尚且是一个谜。要成为

---

① 清晨第一次汲取的井水。

第六章 产品本位：新工匠精神的本源

人所共赏的美玉，还需要找到合适的人。

历代酒师就是茅台酒所需要寻找的人。他们有一种为茅台献身的精神，那就是工匠精神。

国内不同的名酒，其酒精度并不相同。但几乎所有蒸馏酒都是接酒到67%vol~72%vol，唯有茅台在53%vol上下。接酒度数高意味着勾兑中需要加更多的水，而茅台的勾兑只能是以酒勾酒。

中国白酒里面主体的香味物质一般是己酸乙酯和乙酸乙酯等酯类物质，但不是说这些酯类物质越多越好，而是需要遵循某种比例。对于高度白酒，比如70%vol，直接兑水的结果，酒液就会出现浑浊，而且由于降度后酒中香味成分的呈香呈味强度发生变化，破坏了香和味的平衡，原来的香味往往难以保持。茅台之所以为53%vol，并非可以随意为之，而是遵循酒精与水之间的天然结合。

茅台酒的各轮次摘取酒度按不同轮次有不同的严格规定，其成品酒浓度是53%vol（低度酒经降度处理）。关于酒精浓度有一个经典的实验数据：在常温下，用53.94毫升高浓度无水酒精加上49.83毫升水，充分混合后，混合液的体积不是103.77毫升，而是100毫升。也就是说，当酒精度为53%vol时，酒精分子和水分子结合得最紧密，而许多只溶于酒精不溶于水的高级酯类、醇类物质此时能达到酒与水的最佳结合而融为一体。

53%vol！如果相信"一切皆数"的古希腊数学家毕达哥拉斯再生，一定将其作为一个半神明的偶像加以崇拜。

事实上，不仅仅是勾兑环节，茅台酒工艺之所以这样复杂，我们完全可以理解成，就是为了这个神秘的53%vol。

117

季克良：酒魂匠心

酒类,包括蒸馏酒与非蒸馏酒,都需要在各自的传统贮存容器中贮存一段时间,少则几天数月,多则几年几十年,使酒芳香宜人,酒体细腻醇厚,这个过程叫"老熟"。名酒更是十分强调要有一定的贮存期。国外的一些名酒,有的贮存三十年,甚至近百年,以提高酒的身价。因此,酒是否已"老熟",是酒质量好坏的重要标志之一。[①]

茅台酒"老熟"需要经过三年以上的长期贮存,接酒温度高,且摘酒浓度、产品浓度低于其他名白酒。因此,很多高沸点香味物质得以保存,很多低沸点的物质在接酒和贮存过程中得到了挥发,酒精和水分子得以充分缔合,使酒低而不淡,饮后不上头。[②]

同时,茅台酒在接酒过程中,明确提出了"量质接酒",也是季克良总结的"九条经验"第7条。这个"质"包含了对酒精浓度的要求和口感的要求。因此,茅台酒的"去尾"相对其他一些名酒要少,酒中含有大量的酸类物质,其含量是其他白酒的3~4倍。而酸类物质中主要是醋酸和乳酸,这两种酸是中西方公认有利于健康的酸,中国人喜食醋,西方人喜食酸奶,韩国人喜食泡菜,后两种人都喜欢乳酸。[③]

酒精分子与水分子之间的缔合牢固性对人体的一个直接的影响就是减少了刺激。科学实验普遍认为酒精分子对人体肝脏有伤害,但是这主要是指游离的酒精分子。茅台酒经过长期贮存,会加固酒精分子与水分子二者的缔合,而一旦充分结合,游离的酒精分子越来越少,酒精对人体的刺激也就更小,酒体呈现醇和细腻,不辣喉,回味悠长。

---

① 徐婪,季克良,潘丽华.茅台酒的电导与老熟[J].酿酒科技,1980(1):18-20.
② 季克良.神秘的贵州茅台酒[J].中国酒,1997.6.
③ 季克良.茅台酒在中国白酒发展中的影响、地位及作用[J].酿酒科技,2003(4):29-31.

第六章 产品本位：新工匠精神的本源

为了说明水分与酒精比例的问题，季克良提出了"鸡汤理论"：炖鸡汤，如果为了追求量而不断加水，炖出来的鸡汤就稀，不香，营养价值也下降。反过来，如果水太少，鸡的原味和营养就出不来。茅台要5千克粮食产1千克酒，生产量小，但人人都愿意喝。茅台酒就宁愿产量少一点，就是要让人人都愿意喝。

这一道理不仅适用于茅台，国际著名的葡萄酒酿造情况也类似。法国科涅克白兰地酒之所以有名，是因为它所选择的葡萄含糖量要低，葡萄要酸。因为糖少，所以产出的酒少，香味就进去得多。因为酸，所以出来的葡萄酒不容易变坏。

季克良在2012年讲过一个小故事，是有关高温取酒的，但也与酒精度数密切相关。

10多年前，一位行业资深专家到茅台酒厂参观考察，参观取酒工艺时对我说"老季，你们怎么不把取酒温度降低几度呢？那样可以多产酒啊！"

我们完全明白那是好意，因为降低温度就意味着多产酒，多产酒就意味着多挣钱。以当时的生产规模来计算，我们随便降低几度温度取酒，就意味着每年可以多创造出数以亿计的销售收入。对于一家正处于发展中的企业而言，这个诱惑无疑是巨大的。

但是，这位专家的一番好意还是被我们谢绝了。为什么呢？道理很简单：高温取酒是茅台酒酿造工艺的一大特色，茅台酒的取酒温度是37℃以上、40℃左右，在取酒过程中，高温能够让很多低沸点有害物质挥发掉，这就是茅台酒喝起来不上头、不辣喉的一个重要原因。

没有二十年的茅台

"酒是陈的香",其实主要说的是黄酒。绍兴"女儿红""状元红"天下闻名,都是要贮足十八年。但对于很多白酒而言,如果包装不善,酒精会挥发,很多酒放久了就没了。《茅台口述历史资料》中就记载了很多陈年茅台由于放置时间过久,最后只剩下一小瓶的故事。

在存放过程中,酒的颜色和口感都会发生变化。据说,有人把存放了五六十年的茅台酒打开,"倒出来就像蜂蜜一样,根本不能喝"。因此专家指出,并非所有的白酒都是越陈越好。

白酒生产的实践表明,几乎所有的白酒陈放久了,都会出现"陈味"或"老酒味"。对于浓香型或清香型白酒,"陈味"或"老酒味"是一种与其主体香不协调的味道,会对其口感风格造成一定影响。但酱香型白酒在风格上强调的就是酱香突出,"陈味"或"老酒味"的出现,反而有助于这一风格的体现,客观上增添了酱香型白酒越陈越香的效果。因此对于茅台而言,如果包装适当,确实是年份越久越好,这为陈年茅台酒的开发打下了良好的公众认知基础。

今天茅台人奉为圭臬的"贮足陈酿,不卖新酒"并不是从来就有的。1956年"茅台传统工艺的14项操作要点"中,并没有"分型分级贮存"和"长期陈化"这两点。

据专家考证,中华人民共和国成立前老烧坊没有陈贮期,习惯是今年卖去年的酒。1952年以后仍然是现勾兑现出厂,当时如果有陈酒,也是因为当年的酒销

第六章　产品本位：新工匠精神的本源

不完留下来的，而没有形成固定的制度。1956年，茅台酒厂正式出台产贮比制度。换句话说，1958年以前的茅台，都是没有规范的长期陈化工序的。而今天到茅台参观，游客会发现茅台的酒库比生产厂房多得多。

陈贮制度对茅台酒的影响如此巨大，以至于可以说它是构成今天茅台酒核心竞争力的头号支柱，它是一种无法超越的历史优势。

核心竞争力理论提出，企业的核心竞争力之所以不可复制的原因之一在于其具有路径依赖性，历史无法复制。茅台酒之所以难以超越和模仿，是由于它陈贮的历史。

茅台酒厂从1992年就启动了陈年茅台酒的勾兑和开发工作，并确定名称为"汉帝茅台"，其包装由著名设计师马熊所设计，一举获得了1992年"世界之星"包装设计最高奖。据季克良先生回忆，1995年，"时任党委书记的邹开良同志找到我说，今年是茅台酒在巴拿马万国博览会上获奖八十周年，是不是开发一个八十年纪念酒以资纪念。"[1]

历史上，一直有"茅台特需酒"存在。作为专供外交部、人民大会堂、钓鱼台国宾馆等对外接待部门的用酒，"特需酒"一般都是由陈放时间相对较长的茅台酒勾兑而成。例如1972年，美国总统尼克松访华，茅台酒厂员工用陈放时间较长的茅台酒，专门为他勾兑了一桶酒，当时被称为"尼克松酒"。此后，日本首相田中角荣、法国总统蓬皮杜访华，他们所喝的茅台酒，也都是以存放时间较长的老酒勾兑而成。

由于之前去法国考察过白兰地生产工艺，了解有关法国白兰地按贮存时间分等级的情况，国内白酒也有头曲、二曲等分类，季克良决定将茅台参照分几个等级，

---

[1] 季克良. 回忆陈年贵州茅台酒的设计和开发[N]. 茅台报，2009-8-9（1）.

季克良：酒魂匠心

除了八十年，进一步再开发十五年、三十年、五十年茅台酒，形成一个陈年酒系列。

这样，到1997年7月，茅台正式向市场推出中高档系列酒，包括15年、30年、50年、80年陈年茅台酒。其受欢迎程度由以下轶事可见一斑：有一次香港代表团来茅台参观考察，基于对市场的敏感性，香港人把所有包装好的八十年、五十年茅台酒一扫而空。在当前市面上，此类酒大多流入收藏家的地窖。

需要消除的一个误解是，很多人认为15年的陈年茅台酒，就应当全是陈放期为15年的茅台酒灌装。但这一看法并不符合茅台酒的生产规律和物质组分规律。依据陈年茅台酒的国家标准，陈年茅台酒的年份，既标注的是酒龄特征，又体现的是相应的口感质量风格特征。

季克良指出，食品消费除安全之外，最讲究口感。不同酒精浓度、不同香型、不同轮次、在不同储存容器和不同储存环境条件下储存的不同储存年龄的酒，品质会有差异。单纯是某一年份、某一轮次的贮存老酒，若未经勾兑，未经严格的理化分析，香味组分的量比关系会失调，并不好喝。[①]

因此，特定年份的陈年茅台酒仅仅是指以该年份的老酒为基酒，再与不同年份（可能高于也可能低于特定年份）、不同轮次、不同典型酒体的酒相勾兑，最终使之符合国家标准和实物标准要求，因此它实际上是一个等级、质量标准的概念。科学研究进一步证实，陈年茅台酒在外观上、口味上、理化指标上都有非同寻常之处。一般来说，陈年茅台酒色泽更微黄，余味更长，老酒味浓郁，固形物多。

笔者也曾好奇地问，为什么是15年和30年，而没有20年或其他年份的茅台？

季克良回答：主要还是因为口感的区分，消费者的鉴别力不可能像评酒师那

---

① 季克良. 告诉你一个真实的陈年茅台酒[N]. 中华工商时报, 2005-7-22（3）.

样高，时间间隔短了不易被区分开，如一般消费者不可能严格区分20年与30年的风格。本着对消费者负责任的态度，为了使不同年份的陈年茅台酒口感质量风格有明显区别，从15年到30年，再跨到50年、80年。这种拉大了年份间距也有利于产品的市场细分。

说到此，他提及一些白酒利用消费者好奇的心理，在年份标注上非常随意，并标上一个高价。最终消费者因性价比原因，对其逐渐失去信心，厂家不得不进行降价处理。有人曾经请他喝过一种售价高达3000元的名酒，但品完后感到失望。质量诚信是企业根本的诚信，这种事情，茅台是绝不会做的。

生产线要容得下匠心

传统匠人，对于自己的产品是百分百负责。《吕氏春秋》上首次提到了"物勒工名"，即器物的制造者要把自己的名字刻在上面。刻名字的目的，无非是事后对质量可追溯，严重者可治其罪。《唐律疏议》中明文记载，"物勒工名，以考其诚，功有不当，必行其罪"。

民间工匠刻上个人名字则带有明确的品牌性质。例如"张小泉""胡庆余""泥人张"等老字号，本质上是对产品的背书。对他们来说，品质低劣不仅是对产品本身的亵渎，也是对自身声誉的一种玷污。产品与个人品牌二者已经不可分。在西方，行会（Guild）的作用非常显著，承担着质量保证和控制的角色。如有生产不良质量的产品，行会将对违规者处以罚金，或剥夺成员从业资格。

工业革命之后，企业以其规模和效率迅速淘汰传统手工场，其根本原因就是劳动分工的推广。亚当·斯密在《国富论》中以别针的制造为例详细讨论了手工作坊制与工厂制的巨大差异。他指出，别针的制造是由 18 项不同作业构成的一个独特工艺。当将这些作业分配给 10 个工人时，产量可以提高到相当于每个工人一天可生产 4800 个别针，这比单个工人单独完成的产量高出几个数量级。

然而，这种内部的细致分工却让普通工人接触不到完整的产品，他们很少与买主直接接触。从而，他们的职责就变成"使之像样品（或规格）一样"。这意味着个性化的排除和对标准的强调，以往工匠们那种量体裁衣的高质量服务精神逐渐消退。同时也意味着质量概念的转变，它演变成一个管理和协调问题。

马克思认为这是一种人的"异化"，卓别林的电影《摩登时代》（1936）（见图 6-1）对此有着淋漓尽致的刻画。作为一名生产流水线上的工人，查理的任务是扭紧眼前经过的一个个六角螺帽。结果在查理的生活中一切六角形的东西都遭了殃，因为只要看见六角形的东西，他就会情不自禁地去扭，由此造成一系列的悲喜剧。

图 6-1　电影《摩登时代》剧照

对于从事制作手艺的工匠而言，个人品牌是其生存之本，对于产品的精雕细琢是可以理解的。但在应用福特制生产的企业中，分工越来越细致，加上电子、机械技术和信息化水平的提升，工人与其所生产的最终产品之间已经形成了无形的隔膜，要让他们产生对产品发自内心的热爱是困难的。这不禁让人质疑：生产线与匠心是可以兼容的吗？茅台是如何唤起一线工人的匠心的呢？

从茅台的实践看，笔者归纳出几个方面的关键因素。

一是唤起员工内心的集体荣誉感。1985年针对很多员工经受不住诱惑离职的现实，厂领导班子提出"我爱茅台，为国争光"这样一句非常朴素的口号，调动了员工的爱国爱厂情怀。同时不断把"中国白酒业的领跑者"的概念注入员工心目中，让他们感到自己身上肩负的荣光。

二是茅台找到了全面质量管理这样一个有力的管理武器。全面质量管理的理念强调对顾客的关注，最高管理层的重视，全体员工的参与，这与茅台的文化高度吻合。尤其是在员工参与方面，茅台很好地将工匠精神贯彻到了一线。

值得一提的是，全面质量管理的一个重要要求就是记录可追溯。随着管理水平的提升和科技的发展，茅台酒已经完全能够做到可追溯。每瓶茅台酒都有独一无二的标签，可以追溯具体的生产班组。

三是茅台对科技人员的重视，为工匠们铺就了一条职业发展的通道。季克良作为董事长，一直兼任公司总工程师，这成了茅台重视技术人员的标杆。在"以质求存""科技兴企"思想的指引下，通过技术创新和质量管理更是成为干部升职的重要途径。很多干部都像季克良一样，从一线工作，通过质量管理、技术管理的历练得以脱颖而出的，如吕云怀、丁德杭、张世华等。

四是重奖质量工作者。除了公司设立的各项质量奖、科研奖励，季克良还慷慨进行个人捐款。有公开记录的：一次是 1993 年 8 月，他从仁怀县奖励他个人的 5 万元中拿出 4 万元，捐给工会，用于奖励那些为茅台酒质量做出贡献的职工；另一次是 2005 年 4 月，他又一次将政府奖励中拿出 5 万元捐给工会，与在此之前捐的 10 万元一起，专门奖励为茅台酒质量和科学技术做出贡献的员工。[①]

茅台是个艺术品

1999 年 10 月，中国历史博物馆收藏了一瓶 50 年陈酿茅台，并为茅台酒厂颁发了永久收藏证书，证书上写明："兹因茅台酒与共和国的世纪情缘和卓越品质而尊为国酒，既在共和国五十华诞中以窖藏五十年之'开国第一酒'晋京献礼而誉为历史见证和文化象征。"

这是一种莫大的荣誉，同时也无疑是将茅台视为文化艺术品的见证之一。

"正如优秀的艺术家能够把一张纸和几滴水或油墨变成价值连城的艺术品一样，贵州茅台公司的师傅们根据酿酒的原理，结合当地的独特的自然条件并吸纳了其他发酵食品优良工艺，设计出了一套独特的、科学的、合理的举世无双的工艺，把赤水河水、高粱和小麦变成了液体黄金"，季克良 2012 年曾这样抒发其感情。

我们一般说的艺术品，往往强调其审美价值，由于存世数量、作者名气、历史或地理等原因，具有内在价值性、难以复制性、不可替代性等特点，从而具有

---

① 季克良. 为国酒质量捐资设奖 [N]. 茅台酒报，2005-5-10.

第六章 产品本位：新工匠精神的本源

较高的收藏价值。狭义的艺术品主要适用于有形的、可携带的视觉艺术形式。从纯粹美学到纯粹实用的谱系看，它可以包括为以下形式。①

·纯粹的艺术，如书法、绘画或雕塑；

·专为其美学魅力而设计的物品，如珠宝；

·兼具美学魅力和功能性目的的物体，如室内设计和许多民间手工艺品；

·主要或完全是从功能性，宗教或其他非美学原因而创建的对象，这些对象已被作为艺术欣赏（通常是从后代或异域文化的角度看）；

·可长久保存的照片、电影、视频游戏或动画；

·空间艺术和造型。

进入工业化大生产时代，当一件商品可以大量复制，已经失去了传统意义上艺术品的特性，它还能称得上是一件艺术品吗？换句话说，茅台酒是何种意义上的艺术呢？

德国美学家瓦尔特·本雅明（Walter Benjamin）曾提出著名的艺术生产理论。在其名作《机器复制时代的艺术作品》中，他指出，整个传统艺术是以对物和世界之光韵（Aura）为前提的，其内在具有膜拜价值。对艺术品的复制分为两种：一种手工复制的赝品，它相比于原作具有天然的残缺性；另一种机械复制艺术则有别于此。他认为，通过技术复制为手段形成的艺术品，如照相、电影等，"能把原作的摹本带到原作本身无法达到的境界"。此类复制的艺术品创造了其独立的价值，即展示价值。它的出现使得一直占主导地位的光韵艺术崩溃了。

茅台酒当然不是纯粹用来欣赏的艺术品，它具有较强的实用性和奢侈品的炫

---

① 参考维基百科中对艺术品的定义和分类。

季克良：酒魂匠心

耀性。季克良多次说过，茅台酒以其精湛工艺和高贵品位体现了白酒既是工艺品，又是艺术品的和谐结晶，从而倡导和展示了白酒的物质属性和精神属性。这是一种真正的酒文化张力。

之所以说它是技术和艺术的结合，可以从以下方面来解释。

第一，体现在其形成过程中。相比于其原料，茅台酒是一种全新的物质。其形成过程的物理化学反应过于复杂，有环境中大量的微生物参与其中。直到今天，用科学方法仍然不能够完整、清晰地解释和阐明这一过程，对其中的香味成分也没有完全弄清，可以说是天人合一的成果。从这一意义上看，它具有艺术性。

第二，茅台酒的生产过程中包含了大量手工操作，是一个手工艺品。艺术品的一个特征，是必须要经由人工。在茅台的整个生产过程中，有大量的、不可替代的手工操作参与，如人工踩曲、下沙、翻造、勾兑等，这是艺术品的灵魂所在。在艺术制作方面，经由工匠大师之手，本身就是一种无尚的荣誉。

季克良提出，茅台酒的勾兑是一项极其复杂，还要求有一定天赋的工作。众所周知，茅台酒是7次取酒，这意味着每一年烤酒就有7个轮次的酒，同时还有不同的车间、班次，由于是酒师操作，产酒品质和风格也不尽相同，还有不同年份的老酒。不同香型的酒，不同酒精浓度的酒，这就在现实生产中，使茅台酒存在多种不同风格和口感的基酒。

第三，由于陈年茅台成品酒的国家标准是相对固定的，不同年份、不同轮次的酒都有自己的标准，有不同的口感风格和物质组成。不同批次的陈年茅台酒，因参与勾兑的酒样不完全一样，物质组成必然是个变量。为了保证彼此基本一致的口感质量，企业还特别制定了实物标准，实践"不怕不识货，只怕货比货"，

第六章　产品本位：新工匠精神的本源

以确保各批次酒的质量。这也正是勾兑工艺技术与艺术结合的生动写照。[①]

茅台酒的勾兑是以酒勾酒，具体地说，就是要用 100 多种不同的基酒勾兑出一批茅台酒，并且不能添加任何香气香味物质和水分。此外，每一年生产的基酒因气候、温度、湿度、风力、风向、微生物等具体因素都会存在不同，因此酒质也有差异，因而勾兑也是必须实时地进行着调整。显然，电脑还不能具备这样的分析能力和智能，必须人工干预。

第四，体现在茅台酒的内在价值上，近年来兴起的茅台酒收藏热潮一浪高过一浪，主要源于"离开了茅台镇就生产不出茅台酒来"的地域垄断性属性和茅台陈年酒的历史赋予了其天然的稀缺性。虽然近年来其产量大大增加，但是相比于需求，它仍然属于一种稀缺品。而附加在茅台酒上的历史、文化底蕴，让其平添了一段传奇的色彩，成了身份的象征。陈年茅台之所以能够成为高层人士追逐的奢侈品，其背后离不开其作为艺术品的支撑。

艺术品向奢侈品转移，仅仅是一步之遥。

笔者曾经当面问过季克良先生："您如何看茅台已经奢侈品化这个问题？"他的回答是，普通茅台的定位不是奢侈品，也不应成为奢侈品，它的定价应该低于最低工人工资，成为普通百姓能够消费得起的商品。而陈年茅台，确实有奢侈品的性质。

那么茅台是艺术品吗？这就有必要区分一对概念：奢侈品与艺术品。它们处于不同的范畴，前者属于经济社会范畴，艺术品是一个美学概念。但二者显然又有着密不可分的复杂关系。

---

① 季克良. 告诉您一个真实的"陈年茅台酒"[N]. 中华工商时报, 2005-7-22(3).

我们通过表6-1对二者不同特点的比较。从中可以更清楚地看出，茅台具有奢侈品和艺术品二重特性，似乎还是偏奢侈品多一些。

表6-1 茅台酒的奢侈品和艺术品的二重属性

项目	奢侈品	艺术品	茅台酒
范畴	经济学、社会学概念	美学概念	偏奢侈品
功能性	一般，有时无功能性	较低，较少有功能性	介于二者之间
侧重点	重形式	重内容	介于二者之间
稀有性	必要条件	非必要条件	偏艺术品
拥有门槛	无需学习，金钱是拥有它的唯一条件	需要专业的学习	偏奢侈品
创作者	设计师，有现成路径可循，有强大的（小众）市场导向	艺术家，从事研究和探索，基本无市场导向	偏奢侈品
发展路径	从高贵走向平凡。前一时代的奢侈品，随着经济发展，会步入寻常百姓家	从平凡走向高贵。经历时间洗礼，艺术品日益尊贵	偏艺术品
面向	少数人，忌多数人，身份的象征	个性化、大众化皆宜	介于二者之间

资料来源：作者整理。

第七章
爱岗敬业：新工匠精神的源动力

第七章　爱岗敬业：新工匠精神的源动力

> 我心灵的陶醉来源于孜孜不倦地寻求茅台酿造的真相，这是我一生的主题。
>
> ——季克良

爱岗敬业一般强调的是员工对于企业和职业的忠诚度和承诺，但它仅仅是员工与企业的关系的一面。它的另一面则是企业能够满足个人的不同需求，从安全、待遇、社交、荣誉、自我实现等，不一而足。其本质是组织与员工、领导与下属之间的一种社会-经济交换，员工付出努力和忠诚，企业及其领导满足个人的需求。

传统工匠的忠诚很明显是面向职业，而不是面向企业（雇主）的。因此，企业要做的，是需要提供一种环境，让工匠感到只有在本企业才能够追求专业上的极致，发挥其所长，这是一个典型的人力资源管理问题。

专家治厂：适宜工匠成长的环境

茅台酒重品质有着其特定的历史渊源，1915年万国博览会的金奖是其一再提及的荣耀。到中华人民共和国成立以后，茅台成为"专家治厂"的典范。在历次政治运动中，厂长书记如走马灯式来去，几位分管技术的酿酒师郑义兴、李兴发、王绍彬岿然不动，就是明证。

季克良：酒魂匠心

从酿酒大师季克良在茅台半个世纪的经历，正体现了很多外来专业人员的心态。

入厂后不久的两期茅台试点，让季克良有了施展的空间，找到了自己专业的用武之地。加上当时的厂领导出自真心地尊重人才和知识，以及前辈酒师的精心指导，他也就能慢慢沉下心来，钻研技术。但这中间也多有波折，古人所谓"忠孝不能两全"，身处外地，事业和家庭很难兼顾，季克良必须在其中做出艰难的选择。

1967年，养母病危，季克良赶了五天五夜的车船，从茅台镇回江苏，想见养母最后一面。可等他赶到时，见到的是正要盖棺的棺木。

回到茅台后，他立即递交了一份希望调回江苏的申请。厂里当然是不许。

他想回家尽孝，可"在厂里时，厂里不让走；当厂长之后，轻工厅不让走。最后是省里不让走"。前前后后，申请书写了二十年，直到1988年，最终也没有离开。

1975年，一位省领导到茅台考察，拍着季克良的肩膀说："老季，委屈你了！"让他非常感动。

1985年，沿海开放城市求贤若渴，很多公司开出了赠送别墅、年薪五万元的优厚条件吸引季克良，而他当时年薪不到两千元。但此时的他已经离不开茅台了。尽管此时，家里的老父亲在老家没人照顾，得"每天花十块钱请人护理都没人愿意干"，一个月下来的花费是他工资的两倍，造成他的家庭生活极其拮据。"但钱真的不能代替一切，面对四位老人，我很愧疚。"他每次想到这件事都深感痛心。

有一次，省里想要调他去主管轻工业工作。他说：轻工行业有几十种业务，

第七章　爱岗敬业：新工匠精神的源动力

我只懂一种酒，而且仅仅是茅台酒。最后他选择留在茅台。

回顾这一路走来，季克良的职业发展轨迹分明。他完全是凭借自身精湛的业务技术能力，获得一项项殊荣，从行业级到国家级，最后走向领导岗位的。

季克良就任厂长和董事长之后，长期兼任公司的总工程师。而茅台酒厂在1998年以前基本是以生产为中心，技术专家说了算，也就是技术专家治厂的模式。

专家治厂会营造浓厚的工程师文化，即崇尚理性、鼓励技术创新。在面临技术问题时，理性和专业说了算，反对行政命令式的压服。整个企业的问题导向非常明确：就是如何制作出一流的产品，确保质量的持续改进。这正是质量管理大师最推崇的环境。

专家治厂在茅台的推行非常切合当时茅台的实际。首先，茅台酒厂长期处于计划体制下，连销售科都没有（仅有供销科），只需要进出仓库的记录就可以了，可以不关注市场。因此它并非完整意义上的企业。其次，茅台交通不便利，信息不通。企业先求好，再求大，经历长期的积累，成为其后来得以发展壮大的核心竞争力。最后，茅台酒工艺复杂，生产周期长，一瓶茅台酒从制曲开始，差不多要用五年才能出厂，这带来的结果是决策难。

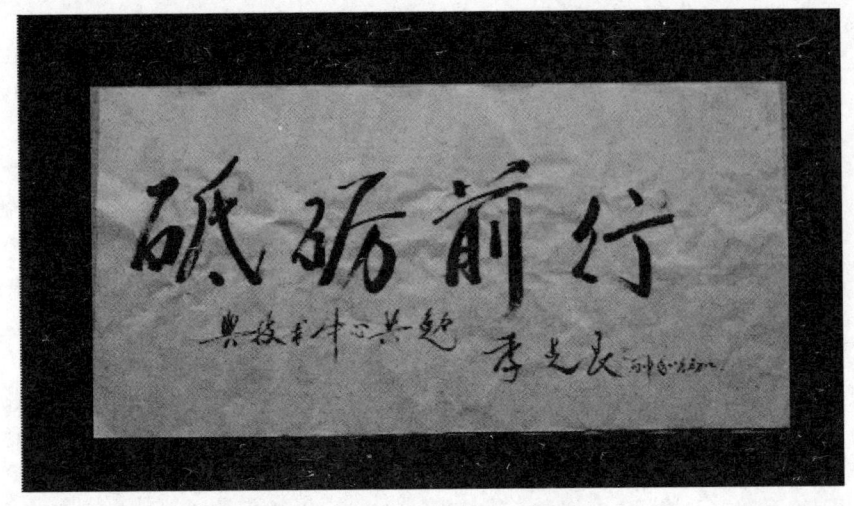

图 7-1　季克良书法——砥砺前行

　　基于上述理由，茅台选择了"慢"，而"慢"的功夫正是工匠精神培育的最适宜的环境。

　　因此我们看到，1998 年以前，相比于很多迅速转向以市场为中心的企业，茅台酒厂显得沉稳有余，锐气不足。反应上也好像慢了一拍，甚至几拍。

　　在 1998 年后，随着现代企业制度的建立，市场的变化开始产生作用，茅台被迫转向市场。以生产为中心转向以市场为中心，这种转向不仅仅是企业谁说了算的问题，伴随着企业文化的转变。原来聚焦产品的工程师文化要让位给聚焦市场的营销文化，由硬技术转向软消费文化，由慢转向快。

　　这种文化的转变会不会侵蚀茅台的工匠精神？无疑是季克良等茅台领导人当时面临的最大挑战。

　　回顾这一幕时，季克良说："主要还是领导人的思维转变。当时我很快地转变过来了，提出要以市场和消费者为中心"，然后，就是成立销售公司，招聘销售人员，放手让分管领导去闯。而对于质量与消费者之间的关系，他突破了"非此即彼"的对立思维。这种思维让笔者想起《基业常青》中一再使用的中国古代玄妙的太极图，它由两部分组成：一部分是保存核心，对于茅台来说，是不变的质量文化；一部分是刺激进步，是对市场的开拓精神，各种能够反映质量竞争优势的手段。

图 7-2　高瞻远瞩公司的观念

来源：吉姆·柯林斯，杰里·波勒斯（2002）。

进入社会主义市场经济的现代企业，正是要经受这样变与不变之间的激荡，这既是企业经营的困难之处，也是其精彩之处。那些只有工匠精神而无市场观念的企业最终倒下了；反之，只有市场观念而无工匠精神也不可能实现基业常青。

物质报酬：爱岗敬业的基础

由于地处偏僻，生产、生活条件艰苦，大中专学生分不来，有分配来了也留不住。

季克良：酒魂匠心

季克良夫妇 1964 年进厂后，在 20 多年间是绝无仅有的两名专业大学生。

茅台在 1960 年曾经达到 769 人的高峰值，此后连年递减，到 1966 年仅余下一半不到的 305 人。这中间，有些是由于生产受到影响而减少，有些是由于"四清"运动而处理。更为严重的是，1961 年大饥荒之年，有 85 名职工弃厂跑回农村老家。正是好肚量敌不过空肚皮，再强大的精神力量也满足不了现实的物质生存需要。

改革开放后，国家开始强调以经济建设为中心，明确国内的主要矛盾是人们日益增长的物质文化需要与落后的生产力之间的矛盾，允许一部分人先富起来。市场经济极大地释放人们追求个人物质生活条件的热情和欲望，也让"言利"成为一件正当的事。与此同时，国有与民营、行业之间、地区之间的收入慢慢出现差距。

一个长期被人忽视的常识是：工匠精神，同其他任何精神一样，首先要解决基本物质待遇问题。这时的物质待遇既有绝对的概念，也有相对的概念。在市场化的大潮中，不能一方面呼吁工匠精神，另一方面让工匠们物质报酬远低于其他非工匠岗位，这违背基本的市场逻辑。而在当时多数企业中，技术工人的工资待遇和社会地位远远谈不上体面。这种情况下讨论工匠精神，无疑会被人嗤之以鼻的。

在分析德国工匠精神时，已经有很多人指出：德国职业教育之所以发达，一个相配套的制度乃是因为德国工程师是所有工种中收入最高的职业之一（仅次于医生和律师）。即使是没有接受过高等教育的技师，其收入同全国平均工资相比也并不低。而技师只是毕业生们的人生起点，通过经验累积和自我提升，还可以提升为收入更高的"师傅"。如果有兴趣，还可以进入应用科学大学，取得文凭后成为工程师。有关统计数据表明，德国有职业教育毕业证书的大学毕业生的第

第七章 爱岗敬业：新工匠精神的源动力

一份工作年薪平均为 3.51 万欧元，而没有职业教育毕业证书的大学毕业生仅为 3.02 万欧元。

作为一个计划经济色彩浓厚的国有企业，改革开放后，茅台历任领导必须面临一个现实的问题是：员工虽有良好的工作保障，但是对物质待遇提升有迫切要求。尤其那些业绩突出的业务技术人才，原有吃大锅饭的方式对他们来说无疑是一种不公平。在这一背景下，当地民营酒厂的出现，对茅台挽留关键技术人才形成了直接的挑战。

1985 年，茅台镇像是一夜之间涌现了 100 多家酒厂，他们以丰厚的待遇到茅台挖技术骨干。有相当比例的酒师、班长和制曲工人在外兼职，造成茅台酒厂人心涣散，生产技术力量削弱，造成第一季度一、二次酒比计划少 104 吨，质量也受到影响。尽管公司及时采取措施，通过高扬爱厂爱国精神、思想政治工作、改善员工福利等措施，凝聚了人心。但是这一事件也教育了茅台，在社会主义市场经济环境中，公司员工待遇如果与外部形成明显的洼地，奢谈岗位奉献、工匠精神无疑是难以持续的，更谈不上吸引优秀的人才加盟。

其实不仅员工如此，国企负责人的待遇一直是广受关注的问题。由于国企领导人是一级领导干部，充当职业经理的角色。虽然薪酬待遇允许比同级政府官员略高，但是其待遇是由政府主管部门（目前是国资委）决定的，受其管理和控制。

近年来，媒体频频谈到国企高管薪酬过高的问题，有关部门更是通过直接下文限薪。如 2009 年 9 月 16 日，人力资源和社会保障部等六部门联合出台《关于进一步规范中央企业负责人薪酬管理的指导意见》（以下简称"限薪令"），规定国企高管年薪不得超出职工平均工资的 20 倍。到 2015 年，《中央管理企业负责人薪酬制度改革方案》更进一步规定：中央企业负责人的总收入不超过在职员工平均工资的 7~8 倍。

而在 1990 年代，完全是另一番景象。

1997 年，季克良担任茅台董事长、党委副书记和总工程师，当时轻工业部有位领导问他的工资。季克良让他猜，对方说起码 30 万元。季克良说：一年不到 3 万元。那人当时惊诧不已：你的工资如此之少令人惊讶。季克良呵呵一笑说，你的估计如此之高，也让人惊诧。

作为一家国家大型企业的领导人，已是正厅级干部的季克良工资尚且如此，下面的干部员工待遇可想而知。但是在力所能及的情况下，对于工人工资分配，企业领导能够起到关键性的作用。

值得一提的是，在迈向完全市场化之前，茅台一直坚持待遇向脏、苦、累岗位倾斜的原则，上下级的待遇差距并不大。1997 年 5 月 10 日，《茅台酒报》上刊载的一篇《国酒飘香溯源头》的文章透露，茅台酒厂领导的收入与私营、三资企业老板或经理的收入相比，差距甚远。全国一些酒厂主要领导的年收入在 10 万~30 万元不等，而茅台酒厂的书记、厂长每年不到三万元。与本厂一线工人相比，他们的年终奖也只有一线工人的 80%。

发展中的问题需要依靠发展来解决，是当时的共识。随着公司业务的快速增长，员工有了良好的预期，所有的问题似乎都迎刃而解了。根据《茅台酒厂公司志》（2011）所公布的员工人均工资水平看，有两次明显的调整：一是 1997 年成立公司之后，员工收入有了一个跃升；二是到 2002 年，茅台正式取消长达 50 年的等级工资制，实行岗位绩效工资制，员工工资与企业产品质量、销售收入和个人绩

第七章 爱岗敬业：新工匠精神的源动力

效挂钩浮动，绩效工资占比达到 40%，完全实现市场化。经过这次改革，普通员工工资至少增长了 20%。由于企业业务发展明显向好，对于调岗老职工、富余人员等方方面面都有相应的照顾和考虑，故此项改革得到广泛的支持。

待遇的差距在引入市场机制之后，逐渐拉大。首先是管理人员与非管理人员之间的差距，由于承担的责任不同而产生差距；其主要标志是 2004 年茅台开始在小范围实施年薪制和子公司承包制。2006 年将年薪制进一步推广到全体中层干部。其次是不同职业跑道之间，如专业技术、市场营销与行政管理，对公司的贡献存在差距。

2008 年，茅台人均年收入 55600 元，如果加上福利、分红等收入，人均年收入达到 90000 多元。这份待遇无论是贵州还是全国，都不算低了[1]。当年茅台股份的年报显示，董事长收入达到 193.28 万元；到 2017 年，茅台员工人均年收入达到 12 万元以上。当年茅台股份公司公布的董事长工资为 77.79 万元，相比于之前明显减少，仅为平均工资的 6 倍多。而据季克良介绍，当初董事长虽然公布有 190 多万元，但为了调动班子的积极性，考虑到集团领导工资偏低，集团通过一个调整方案，将集团与股份领导的工资进行加权平均，最终董事长实际所得远低于这一数额。

收入差距的拉大，无疑又会引起员工思想上的波动。2005 年，茅台公司进行内部调研发现，员工对于待遇存在三个方面的问题：一是离退休职工对自身待遇有意见，要求增加，并解决子孙的就业问题；二是在岗的老员工待遇不低，但有

---

[1] 参考 2009 年中国统计年鉴数据：全国城镇单位就业人员平均劳动报酬，人均 28898 元，全国最高的省份北京为 55844 元。贵州只有 23979 元。

躺在功劳簿上享受的思想，缺乏艰苦奋斗的精神；三是一些普通员工有怀才不遇的思想。公司呼吁员工需要正视现实的就业环境，正确看待自我，立足岗位成才，最终才能会有相应的报酬，实际上也是在提倡工匠精神。

在社会主义市场经济的大潮中，一家企业要鼓励工匠精神，必须建立起与之相适应的企业激励机制，而激励机制的中心环节就是处理效率与公平的关系。如果说在改革开放的初期，整体的氛围认同的是"效率优先，兼顾公平"的原则。那么到了一定的阶段，公平的问题就显得相对突出，需要引起公司领导层更多的关注。

公平很显然是一个相对的概念，员工的公平感并不完全取决于员工自身的待遇情况，而在于横向的投入产出比较。如果这种差距过大，就很难让员工保持平和的心态。季克良对这个问题有着清醒的认识。他相信质量出自一线工人之手，而这些脏、苦、累岗位的贡献，如果在待遇上不能体现，很多人就会选择去环境更加舒适的机关部门工作。因此他一直强调提升这部分岗位的待遇和补贴。

可以想象这样一个情景：一个刚进公司的大学生或研究生待遇立即超过所有的工人。技术工种，如酒师、曲师，在车间辛苦工作，与一个行政机关的相同工龄的职员待遇相当。这种环境下，就算领导天天讲工匠精神，有多少人愿意听呢？

茅n代：上阵父子兵

大清年间，太平天国之所以被湘军以少胜多，以弱击强，最终崩溃，其中一个重要的原因，是湘军的组织形式。

第七章 爱岗敬业：新工匠精神的源动力

在士兵的编制问题上，曾国藩要求部队要以营为基本单位，每个营标配500人，每个营的士兵都是按照籍贯组成的，这个营便被称为"乡民营"，甚至可以说是"亲友团"，在这里可以看到许多父子兵，兄弟兵。因为有深厚的血缘关系在里面，要是自己的亲人被敌人杀了，自己肯定会拼了命地找敌人报仇，打仗的士气一下子被提了起来。这样做还有一个好处就是避免了逃兵的出现。

同时，曾国藩招徕、培育湘军将领注重同学、师生情谊，共同的文化背景、风土人情、语言习俗，情感上易于沟通，文化上易于认同。湘军这种战则生死相救、存则生死相依、祸福与共的团队精神是初期以客家兵为主体、后期因内讧而衰败的太平天国军队所无法比拟的。

茅台由于其特殊的地理位置，最初仅能招募到本土的工人，而为了能够吸引和稳定酒师等人才，公司分批次招募其家属实现"农转非"，进入公司工作。从而形成最初意义上的茅 n 代。

1982年，贵州省政府批准同意：茅台公司老酒师一律不要退休，身体不好的可以留厂当顾问，工资照发。老酒师要带两个以上徒弟，其中一个可以由其本人子女（农村户口）招工。这样，1983年在农村酒师、技术业务骨干子女中招收了80多名子女进厂，让老酒师感到后继有人而更加安心工作。同时，茅台还允许家在农村的职工子女转到厂子弟学校上学，毕业后就可能进入酒厂工作。

1985年，劳动服务公司开办，主要安排职工家属就业，仅1986年一年就安置了400名家属。到1992年，技术开发公司成立，又一次性安排了200多名职工子女就业。

早期职工子女进厂后懂得珍惜来之不易的工作机会，非常敬业爱岗，很多成了骨干,当了酒师,继承父业。如王绍彬、李兴发的子女都是如此。

后来有农转非指标、征地农转非,都是由当时的公司领导四处汇报,最终争取来的。

随着茅台经销商队伍的壮大,另一类茅n代也出现了:他们世代经营茅台酒,与茅台结成了血肉联系。

在20世纪90年代以前,由于人数不多(2000人以内),茅n代的现象特征非常明显。这种由亲情构成的员工对于企业最大的好处就是内部高度的信任感,员工基本都能做到以公司为家,拥护集体,对组织高度忠诚,类似于前面所说的湘军。与之相适应的管理方式相对简单,可以自上而下,令行禁止,个别思想不通的员工,借助于家属比较容易改变顺从,公司推动变革和整体执行力相当强。

当然,这种社会关系网密切的经济组织并不总是积极的,也存在某种弊端。一是受到内部结构的牵制,企业不太容易开展突破式创新;二是当其内部小团体、非正式组织成为一种阻碍变革和创新的派系时,会让公司改革遭到消极抵制,最终失败。同时它很容易形成圈子文化,对圈外人产生排斥,让外来人员难以融入。

美国社会学家格兰诺维特提出"嵌入性"的概念,放在企业内部,可以看作是内部的一种社会资本[①]。从这一视角来看,企业可能存在两种倾向。一端是"社会化不足"。纯粹的经济活动主张一手交钱、一手交货,企业雇用员工是一种原子化的个体,员工努力工作是为了获得更多报酬,企业与员工之间是一种纯粹的理性计算,无其他瓜葛。这种经济关系显得过于冷冰冰,对于重视人情的中国社

---

① 社会资本(Social Capital),包括人际信任、社会关系等,指能够为企业带来效益的一种无形资本,非日常所说的"民间资本"。

第七章 爱岗敬业：新工匠精神的源动力

会来说，显然不是太受欢迎。另一端则是"社会化过度"，在现代的人情社会中，以考虑社会关系为主，相互之间高度信任，完全不计较经济得失，更重长期的人际友好关系。人们考虑问题主要受到社会规范和其他人态度的影响，而不是经济利益。

经验研究表明，对于一家企业来说，中等的嵌入性最有利于绩效，上面这两种极端都不利于企业发展。

现代"领导—成员交换"理论则认为，一位领导能否得到下属支持，第一个因素就是信任。只有下属信任领导，才愿意跟随。其后才是任务结构的清晰度和正式职权大小。

从内部文化看，茅台早期的员工构成决定了它更靠近"社会化过度"这一端。季克良最初是作为一个外来人员，语言和文化与当地人存在极大差别，本是难以融入的一分子。但是，他最终以自己的技术能力，辅之以个人亲和力和清廉，确立了在企业内部的权威，为广大员工所信服，这无疑是其最大的一笔社会资本。借助于这些有利的条件，他（及历任领导班子）逐步将茅台带上现代企业制度的轨道之中。

随着现代企业制度的建立，公司用人制度的规范化，进入门槛变得越来越高。今天的茅台已经有两万多人，虽然仍然有"茅n代"的观念，但由于人数占比不多，准家族的"茅军"色彩已经明显淡化了。在这种情况下，企业无疑面临着另一层挑战，即"社会化不足"的问题。跟员工谈奉献，员工并不是太买账，而更多要看物质待遇了。很显然，企业需要有超出物质报酬以外的共同愿景的引领。

145

第八章

体系运作：新工匠精神的方法论

第八章　体系运作：新工匠精神的方法论

制曲是基础、制酒是根本、贮存勾兑是关键，检验是卫士。

——季克良

企业要培育工匠精神，需要推动和维系一个体系化的顺畅运作。这个体系的核心角色有：科研人员、质量工程师与匠人，不断挖掘生产和产品自身的规律，不断减少质量偏差，持续改进。科技知识在其中日益起到主导性的作用。

与传统工匠精神内容不同，现代工匠精神需要与工业化和信息化文明相融合，它建立在社会化大分工的基础上，强调上下游通力协作的精神。任何一件产品或一项服务都不再由单个工匠所提供，而需要一个工匠团队大规模的协作。不是由单个企业提供，而是由整个产业链提供。借助现代化管理工具促进工匠们的协调配合，才能最终实现产品和服务的持续精进。

对于茅台而言，其特殊原材料决定了除上述所有的"人和"因素，还有两个额外的条件：天时和地利。因此，茅台公司需要在保持生态文明方面下功夫，这不仅仅是一种社会责任，也是保持产品质量的需要。

新工匠需要科学的武装

季克良作为一代新工匠，与老工匠们相比，他对于茅台的贡献，在于科学技术的掌握和运用，以及他身上所体现的科学精神。传统工匠之所以为工匠，主要是其对实践知识的掌握，动手能力是关键。在古代，科学不发达，工匠仍可以层出不穷。可见传统意义上的工匠与科学之间的关系，是若即若离的。

科学精神，简单地说，就是利用科学方法对事物的来由刨根问底、不畏权威、勇于献身的精神。它包括两层意思：一是怀疑的精神，敢于挑战权威；二是科学的方法，通过一套系统、严密的方法来发现知识，形成知识的积累，即胡适先生所总结的"大胆地假设，小心地求证"。

人天生都有对世界的好奇心，只是这种好奇心能否得以培育和发展，在于环境。中国的文化和教育环境向来只重实用，进而重灌输，较少关心知识的根源和可靠性，同时也不重视甚至压制对权威的质疑与反抗。造成的结果就是，虽然历史上不乏各类创造发明，但由于缺乏科学思维方式，人们即便有心探索，最终却走向玄之又玄的境界。

举个著名的王阳明格竹子的例子。朱子倡导"格物致知"的理念，王阳明先生觉得光说不算，还要践行。于是他面对竹子"格"了七天七夜，想了解竹子的道理，最终一无所获，还大病了一场。他后来说："及在夷中三年，颇见得此意思，方知天下之物本无可格者；其格物之功，只在身心上做"。可以看出，其起点是不错的，但是最终却走向实用和心性哲学。这不能不说是一种中西思维方式上的差异。

英国科技史学家李约瑟的研究发现，中国人在科学技术方面丝毫不亚于西方，在很多单项上——他从 a 到 z 列了 26 大项，如龙骨车、水排、活塞风箱、"四大发明"等，中国遥遥领先。

但是，他最终有了一个困惑，即著名的"李约瑟之谜"（或称"李约瑟难题"）：

第八章　体系运作：新工匠精神的方法论

既然中国古代科技并不落后，为什么没有像西方那样产生科学革命呢？

这一问题从民国就提出，到今天仍争讼不已。无数学者尝试对其从不同角度做出解释。

1969年，李约瑟出版了《大滴定：论东西方的科学与社会》和《四海之内：东方和西方的对话》[①]。这两本书都是解答"李约瑟难题"的论文集。值得一提的是，他没有遵从西方科技史家的成见，从东西方学者个人智慧找差距，而是坚持认为，必须在东西方社会结构、宗教传统的对比中才能得出结论。

李约瑟先生提到的几种解释中，有几点值得注意：一是中国为了维持大一统而保持中央集权的统治方式，产生重农轻工、商的思想；二是取士的科举制度，改变了知识分子的思维方式，让他们在一堆故纸堆里皓首穷经、空耗岁月；三是产权的保护不力，尤其是对商人特别严苛，导致资本主义无法发展。

在工匠技艺方面，由于其始终保持一种神秘性，缺乏科学理论的指导，这不仅导致知识无谓的重新发现，还有知识传承不力的问题。因此，在近代科学出现之前，一代一代耗费了大量人力财力在"重新发明轮子"上，中西皆然。有学者提出"工艺技术和医药处方，虽然屡有发明，但也世代单传，父子师徒，一代传一代，偶然中断便会失传"。可以这样说：缺乏科学指导的工匠，技艺虽精，但只能是一个无头的苍蝇。

总之，旧工匠身上最大的缺陷，就是科学精神和方法。

---

① 英文原名：*The Grand Titration: Science and Society in East and West*；*Within the Four Seas: The Dialogue of East and West*。

季克良：酒魂匠心

图 8-1　季克良书法——科学勾兑

现代大工业生产的出现，本身就是科学知识的系统化应用，是对传统手工业的革命。而茅台正是经历了这样一个科学化的过程，其中最重要的推动者，就是季克良。

季克良来到茅台之后，立即被茅台的神秘工艺深深吸引，他身上的好奇心被调动起来，不满足于现有过于的神秘解释（今天仍有一定的神秘色彩），运用自身掌握的专业科学理论，得以破解茅台生产之谜。

作为企业，一般从事的是应用研究和设计开发，开展基础研究并不是其核心任务和强项。西方当然也有基础研究非常强的企业，如制药公司拜耳、电信公司AT＆T的贝尔实验室、以及IBM公司的沃森实验室等，都有诺奖级的科学发现。但这种情况仍属凤毛麟角。

茅台的基础研究源于1964年到1966年的两期试点。在此之前，基本为空白。1956年8月全国名酒会议之后，贵州省工业厅指示酒厂成立化验室，并拨款6700元购置了一些基本的实验仪器和用品。但当时化验室仅有练习生3人，均为初中文化，根本不知道如何进行化验。在轻工业部食品局局长杜子端率工作队进驻茅台之后，制定了制曲的标准和质量标准，统一的操作堆积等，对实验室的工作人员进行培训，才学会了对原料、半成品、成品的成分测定和水分的初步分析。

1964年，由轻工业部专家周恒刚带领，全国各大酒厂调派专家参与的茅台两期试点是全面系统利用科技手段解密茅台工艺的重大事件，既让茅台人开了眼界，也让人们真正地了解了茅台。季克良正是在这一年进入茅台，其编制就放在化验室，并立即参与到茅台科研工作中。

两期试点的成果归纳如下。

（1）发现了窖泥己酸菌和浓香型酒的主体香以及其生产机理，从而奠定了以后人工老窖这一技术进步基础，大大地促进了浓香型白酒的发展。

（2）解开了许多茅台酒生产机理，通过去粗取精，促进了茅台酒的发展。

（3）经试点专家的研究，肯定了李兴发副厂长提出的分型，即茅台酒有酱香型、窖底香型、醇甜型三种典型香气（香味）。

（4）季克良发表了研究成果《我们是如何勾兑的》。论文回答了为什么要勾兑和如何勾兑的问题。提出白酒如何勾兑的问题，在国内尚属首次，因此在白酒界引起了强烈的共鸣。

此外，还对茅台酒生产的其他规律进行了研究，如酒糟的堆积发酵试验和曲子的对比试验，以及对酒样作理化分析，进行了茅台酒主体香味成分及其前驱物质和微生物的研究。在二期科技试点时，试点组检测保存了70种微生物菌株，建立了微生物档案。

20世纪80年代，在贵州省轻工研究所帮助下，茅台科研人员从中分离了产酱香较好的 6 株细菌和 7 株酵母菌，并试制推广了麸曲酱香白酒。该项成果获得了贵州省科技进步三等奖，有的麸曲酱香酒还获得了国家优质酒奖。这是茅台在产学研结合方面的重要成就。

1991 年，季克良第二次就任厂长，明确提出茅台需要"依靠科技兴厂"的策略。他认为，很多企业之所以出现不景气和倒闭的重要原因之一是忽视了科技进步工作。茅台酒厂必须借鉴这些教训，走管理和技术两个轮子一起转的发展路子。为此，他在科技进步规划、增强科技意识、人才培育、技术设备更新等方面进行了大量的投入和宣传，制定和完善了科技激励政策。1993 年，季克良曾经说过这样一段话："现代生产表现出科技构成在商品价值构成中的不断提高，知识价值越来越多地凝聚在商品中，使商品的价值大小在很大程度上取决于科技含量的高低。科技含量高，其价值就高；反之就少。"[①]

联系到当下知识经济社会的到来，季克良的这一"科技价值论"的观点无疑具有先见之明，也为后来"科技茅台"的提出奠定了良好的基础。

20 世纪 90 年代中期，茅台酒科研所已初步建成一个集基础研究、应用研究和科技创新为一体的科研机构，拥有世界先进水平和国内先进水平的仪器设备多台（套），其中包括美国惠普公司生产的 HP6890 气相色谱仪、BLOLOG 全自动和手动细菌鉴定系统等，在硬件上形成了一定的技术优势。1998 年成为国内唯一的白酒行业国家级技术中心，季克良亲自担纲技术中心主任。

值得一提的是，在茅台酒香气成分的研究上，茅台取得了较大的研究进展。1965 年，茅台酒试点专家曾采用纸上层析的方法，剖析出茅台酒香气成分 48 种，

---

① 唐流德．酿酒大师．第 460 页．

其中醇类 10 种,酸类 15 种,酯类 15 种,羰基类 8 种。此后不断有新的发现。1982 年,日本人公布了采用气相色谱与质谱联用剖析茅台酒中香气成分 168 种,其中醚醇类 27 种,酸类 25 种,酯类 45 种,羰基类 29 种,酚类 9 种,含氮类 33 种。

表 8-1 茅台酒微量成分研究进展

时间	1960 年	1966 年	1968 年	1982 年	1991 年	2004 年
醚醇类	总	10	26	27	30	43
酸类	总	15	25	25	27	28
酯类	总	15	39	45	50	62
羰基类	总	8	18	29	32	32
酚类	—	—	12	9	12	12
含氮类	—	—	—	33	36	46
芬香族类	—	—	—	—	—	8
其他	—	—	—	—	—	2
合计	—	48	120	168	187	231
方法	化学方法	纸上层析	GC/MC 为主	GC/MC（日）	GC/MC	GC/MC

资料来源:季克良,郭坤亮（2006）①

2006 年,茅台公司科技工作者应用 GC×GC/TOFMS（全二维气相色谱与飞行时间质谱联用）对蒸馏白酒微量成分取得了突破性进展。研究发现了茅台酒中可挥发和半挥发性成分为 963 个峰,其中酯类 380 种,酸类 85 种,醇类 155 种,酮类 96 种,醛类 73 种,含 N 类 36 种,其他 48 种,使茅台酒中可检测成分从 231 种上升到 873 种。而用同样的方法检测出浓香型白酒为 674 个峰,清香型白

---

① 季克良,郭坤亮. 剖读茅台酒的微量成分[J]. 酿酒科技, 2006, 10: 98-100.

酒484个峰，白兰地440个峰，威士忌264个峰。[1]

2003年，茅台集团决定将茅台酒三种原料——酒曲、高粱和小麦，送入神舟五号载人飞船，由茅台集团技术中心、中科院微生物所、贵州农科院等单位共同对其进行研究。天津科技大学通过对酒曲搭载前后微生物区系的变化进行研究，2005年将太空酒曲中的微生物菌种进行了分离鉴定，选育出了性能优良的菌种。

2005年1月，随着企业实力的提升，茅台集团首批出资1000万元，设立"国酒茅台自然科学研究基金"，重点资助揭开茅台秘密的科研探索。

2010年6月11日，茅台集团"白酒中风味物质的解析及应用研究能力建设"项目通过验收。该项目成功开发出9个关键技术方法体系，准确定性茅台酒中432种风味物质，明确其中361种有重要贡献，建成4个风味物质数据库，逐渐形成了以风味为导向的白酒品质控制和质量溯源研究体系[2]。大量研究还对酱香型白酒中功能因子进行了细致的分析。[3]

这些成果主要是应用导向的，但也不难发现其中很多具有微生物酿造基础研究的性质，尤其是太空诱变育种建立菌种库的研究。正是通过自身和产学研结合研究的开展，才进一步巩固茅台今天的市场地位，成为茅台难以撼动的核心竞争力之一。比如微生物菌株的研究为后来季克良所说的"离开了茅台镇生产不了茅台酒"的科学结论奠定了基础。

曾经有人提过这样一个有意思的问题：对茅台酒研究的深入是否让其神秘感

---

[1] 季克良，郭坤亮. 剖读茅台酒的微量成分[J]. 酿酒科技，2006，10: 98-100.
[2] 此项研究由茅台集团技术中心汪地强博士主持。来源于工人日报：贵州出美酒亦出好"酒匠"，2017-10-13。
[3] 孙时光，左勇木，张晶等. 酱香型白酒中的风味物质及功效[J]. 中国酿造，2017，36(12): 10-13.

第八章 体系运作：新工匠精神的方法论

打折扣？季克良认为，这种想法是多虑了。茅台要具有利用高科技生物工程技术改进传统产业的信心和勇气。茅台酒的研究从初级到高级，从感官辨别，到理性分析和感官辨别相结合，这是一个从必然王国向自由王国过渡的渐进过程……实践充分证明，茅台酒的神秘与科技进步是相互促进的。[1]

从这样一番话，不难看出季克良身上所具有的科学精神的彻底性和对科学的坚定信仰。

茅台科学的力量不仅体现在技术方面，还体现在科学管理上。茅台的科学管理是以质量管理为中心展开的，而质量管理中就有穷追"五个为什么"的做法，与科学精神相通。通过统计方法的大量运用，对茅台的工艺流程持续改进，对其科学合理性进行再审视，增强了员工的科技探索意识，不仅要知其然，还要知其所以然。这在前面已经有大量叙述。

古老而现代的职业：茅台的酒师

茅台酒传统独特的酿造工艺，是几百年来历代酒师长期生产实践的结晶。酒师一直是酒厂的灵魂人员，负责技术指导工作，属于酒厂最受尊敬的人物。据《茅台酒厂志》记载，从1926年到1936年工资发放情况看，"成义"烧房的酒师每月7~8银元，二把手5~7银元，一般工人3~4银元。为了了解这一工资究竟处于

---

[1] 季克良. 在庆祝中国首次载人航天飞船搭载茅台酒曲太空诱变育种研究取得阶段性成果暨菌种资料库建立大会上的讲话[N]. 茅台酒报，2005-6-10（1）.

何种水平，笔者从网上搜集了民国时代其他地区和工种的工资，得到如表8-2所示的资料。

表8-2 民国时期各地不同工种工资情况

年份	地区	工种	月工资（银元）	来源
1922年	开滦煤矿	一般工人	27涨至37	《中国近代史通鉴》
1920年代中期	湖北武汉	纺织女工	30	陈存仁《银元时代生活史》
	上海	见习医生	8	
	上海公安局	巡警	10~13	
	上海公安局	巡长	16~18	
1925年	全国平均	女工	15	《青岛党史资料》
1928年	青岛	纱厂女工	21	
1930年	江西寻乌	学徒	4~5元（年薪俸50~60）	毛泽东《寻乌调查》
1934年	武汉	一般工人	平均15	《劳工月刊》（1934-7-1）
		大纱厂工人	平均20	

由表8-2可知，当时茅台酒师的工资只能说比类似偏僻的地区（如表8-2中江西寻乌）一般工人略好，但是仍无法跟大城市里现代化工厂的工人相比。根据记载，当时的茅台价格相对较贵，为每公斤2钱4分（一般酒为4分），8两银元的月工资可以买33公斤。如果简单对照现在的价格，这绝对是高收入了。

几百年来，茅台酒的生产技术都是师傅带徒弟，口口相授。工艺操作，同中有异。最早的酒师对酿酒的全过程都要掌握，从制曲、制酒、勾兑等，主要是基于经验。茅台酒传统的勾兑方法，是大酒坛勾小酒坛，酒龄长的勾酒龄短的，产什么酒就勾什么酒，全凭勾兑人员的直感经验，没有统一的勾兑标准。因此，常使不同批次的成品，不能完全保持一致，质量也就不稳定。人们对酿酒过程仍然是知其然

第八章 体系运作：新工匠精神的方法论

不知其所以然。用季克良的话来说，是对其的认识处于必然王国，没有进入到自由王国。

在茅台发展史上，对茅台工艺发展贡献最大的几位酒师有：郑义兴、王绍彬、李兴发。论起辈分，虽然没有行过拜师礼，季克良可算是李兴发的弟子。根据《茅台酒厂志》记载的他们的传略，其共同特点就是品德端正、有悟性、能吃苦、肯实践、对酿酒是发自内心的热爱，视质量为生命，对科学表现出应有的尊重。1997年，茅台酒厂在中国酒文化城现代馆区为他们三人塑立了石像。①

·郑义兴：茅台传统操作规程的直接继承人

郑义兴（1895—1978），名永维，四川古蔺县水口乡人。幼年读过私塾。民国二年（1913年）入茅台成义酒房当学徒，先后在成义、荣和、恒兴三家酒房和遵义龙坑集义酒房作酒师。据说当时的老板要请他，都得提前一年和他订约，定金是几根金条。1953年加入茅台酒厂后，以酒师身份兼负生产技术指导工作。

茅台酒厂成立以后，号召老工人、老酒师献计献艺，借以总结经验，寻找规律，制定一套完整而系统的工艺规程。郑义兴首先响应号召，将自己30年积累的经验和一家五代传下的酿酒技术，口传记录，整理成册，献给了工厂。不仅如此，他还动员其他酒师解放思想，传授技术。他说："过去我担心老了生活无着落，现在国家对我们照顾周到，还担心什么，只要生产好，我们都有好前景"。全厂因此征得了多种多样的生产技术资料，初步制定出茅台酒统一的操作规程。

1954—1955年，厂内开展以增产节约为中心的社会主义劳动竞赛，提出了"沙

---

① 相关资料参考《茅台酒厂志》，2011。

子磨细点，一年四季都产酒"的口号（"沙子"即红高粱）。郑义兴认为，这不是酿造茅台酒的方法，而是任何一个地方都能酿造的普通高粱酒。这种所谓的"增产节约"最终是以改变茅台传统工艺为代价。但这个意见没有引起重视，郑义兴还被认为"思想校右、有守旧意识、对新事物认识较差"。果不其然，用这种方法只酿造出市场上无人问津的二锅头，与茅台相差甚远。

1956年，全国八大名酒会议在北京召开后，厂里开展以提高产品质量为中心的运动，才采纳了郑义兴恢复传统操作方法的建议，酒质逐渐得以提高，1958年酒厂甲级品由1956年的12.19%、1957年的70%上升到99.42%。为表扬他的成绩，经上级批准，给予连升三级工资（由四级提为七级工资）、奖皮大衣一件，并提为副厂长，授予"工程师"称号。

郑义兴一生与茅台酒为伴，关心其生产质量，同时也非常尊重科学。1973年12月，78岁高龄的郑义兴在工厂投料造沙时，还拄着拐杖下车间，逐班、逐甑、逐个堆子地检查工艺质量，指导生产。当他发现有的班组把温度计放在库房未用时，生气地说，温度计是科学的，比我们手的感觉准确，应当重视科学、使用科学，才能确保产品质量的稳定。他在病重临终时，还告诫徒弟李兴发："茅台酒是国家的酒，一定要认真搞好啊！茅台酒生产工艺不能走样，不能失传。走样了就不是茅台酒，走样了就对不起国家，对不起祖宗啊！"

· 王绍彬：以厂为家的精神丰碑

季克良曾于2004年专门撰文深情怀念老酒师王绍彬副厂长，回忆这位老领导的点点滴滴。

第八章 体系运作：新工匠精神的方法论

王绍彬（1912—1984），仁怀市交通乡人，父母早逝，随叔父生活。1930年进入茅台荣和烧房做烤酒工，因与工头老板不和，6年后愤然离开酒房做小本买卖。1951年进茅台酒厂任一车间二班酒师，1956—1983年担任茅台酒厂副厂长。

茅台早期的生产条件非常艰苦，没有自来水也没有电，完全靠手工操作。工人凌晨4点开始下河挑水，生火烤酒，每天工作12小时以上。但王绍彬始终不怕苦不怕累，全身心扑在工作上，脏活重活抢着干。他勤学苦练，对传统工艺进行探索，经过不断实践，在1958年总结出了"以酒养糟的酿酒经验"，使茅台酒的甲级品从1956年的12.19%提高到1958年的99.42%。[①] 当时厂里急需技术人才，他收许明德（后成为生产副厂长、高级工程师）为徒弟，毫无保留地向年轻人传授技艺，后来的很多技术骨干都是经他培养出来的。

有一段时期，由于气候影响，高粱品种不好等原因，茅台酒产量连续下降。为提高产量，厂里提出了增加产量的救急措施。王绍彬根据多年的制酒经验，认为这种片面提高产量的措施违反操作规程。他据理力争："改变操作规程，这不行。重产量不重质量，这样指挥生产，我不干。领导要我干，我是党员，要服从组织，不过请厅里和厂里直接给我下文。"

1956年，王绍彬被评为贵州省劳动模范和全国先进生产工作者。当年5月，他作为贵州省工人先进代表到北京参加新中国第一次群英会，在天安门出席"五一"观礼活动，受到国家领导人的接见。

王绍彬自始至终没有改变其工匠的本色，坚持战斗在生产第一线。即使在他任副厂长后，他也没有要专门的办公室，他的办公室就设在车间和班组，一直在

[①] 季克良. 怀念老领导王绍彬厂长 [N]. 经理日报，2004-2-29.

季克良：酒魂匠心

二车间厂房边的简易工棚里吃住。除了开会、值班和厂部找他商量事情外，他几乎所有的时间都在班组和车间工人在一起研究分析生产情况，解决实际问题，往往是边指导生产、边和工人们一起干活。甚至在大年三十，他下午回家与家人团聚，吃过年饭之后，还往厂里赶。徒弟们也和他住在一起，经常是三四人有时是五六人同住一屋，常常讨论问题到深夜，可谓其乐融融。在他病倒在床的最后一段时间里，仍不听厂领导和家人的劝阻，坚持住在厂里，只要能挂着拐支起来，就到第一线指导生产。

他的廉洁奉公精神在厂里有口皆碑。在他担任副厂长期间，除管生产外还兼管劳动工资科，但在调资、调动、晋级等工作上，他始终坚持按政策办，从不为子女、亲戚、徒弟牟私利。

·李兴发：茅台三种香型的提出者

中华人民共和国成立前茅台酒各家酒房的酒师技艺一向秘而不宣，恪守"教会徒弟，饿死师傅"和"传子不传婿、传媳不传女"的老规矩。郑义兴思想较为解放，不受这些条条框框约束，他选中了当时已经崭露头角的一代奇才李兴发作徒弟，本着诲人不倦、毫无保留的精神耐心传授技艺。

李兴发（1930—2000年），贵州省仁怀市人。12岁进茅台镇私人酿酒作坊做帮工。1950年，茅台酒厂成立后，国家投入43000元用于购置生产设备和原辅材料，为了扩大生产，1952年新招了一批工人，李兴发就是这时进入工厂的。1955年7月，他加入中国共产党。1956年6月，任茅台酒厂生产副厂长，曾当选为贵州省第六届政协委员。1991年，任厂技术顾问，享受副厅级待遇。

第八章 体系运作：新工匠精神的方法论

李兴发在赤水河边长大，他从小挖过煤、擀过面，还放过木排，渐渐长大也给酒坊做临时工，从此便和茅台酒结下了不解之缘。开始时挑水、踩曲，什么活都干，老板也经常让他上街买些零碎东西。他因为人厚道而被当时在三家酒房都掌过火的郑义兴看中了，招他为徒，于是他就专心专意地紧跟着郑老师学艺。

据李兴发本人回忆，有一年大年初二，街上爆竹声声，不料成义酒房因故失火了。小街上的草房瓦房柱子板壁烧尽了，剩下来的是堆堆盐块，还有几十个坛子也落在火海里，全都爆炸了，到处摆着碎坛片。瓦砾中的残片则像碗盏一样，还有一点茅台酒留在里面。年轻的李兴发闻到酒香，便去细心寻找那些还剩着酒的残片，间或找到一小点，这个年轻人贪婪地吮吸着这些珍贵的玉液，谨慎地辨认，把酒味铭记在心里，然后放下再去找另一片。那些酒的滋味也就永远留在他的心间。

李兴发任生产副厂长期间，茅台酒厂出厂酒的勾兑仍固守一贯的传统方法。他经过实践中多次成败的经验，认识到其局限性，下决心改变这种状况。从此，他一心扑在品酒、调酒工作上，每天10多个小时都在连续研究茅台酒口感质量的稳定和提高，摸索总结科学的勾兑规律。为了保持灵敏味觉，他生活中不吃辣椒、醋等刺激性食物，很长一段时间内，仅就蔬菜蘸酱油。

1964年，在老厂长郑义兴的指导下，李兴发带领一个科研小组发扬"神农尝百草"的精神，夜以继日地从勾兑入手探索茅台酒品质风格的稳定规律。他把从酒库收集来的200多种不同轮次、不同酒龄、不同味觉的样品进行千百次品尝，编上号，密密麻麻的摆满两间屋，进行标准酒样的分析，不同酒龄酒样分析，勾兑典型体酒样分析及构成后的变化测定等大量细致又艰辛的工作。

当时，他白天收集样品，晚上闭门品评，通常一天要品尝50多个酒样。很

季克良：酒魂匠心

多节假日他都没有休息，把家当成了工作室。那时没什么化验，连一个浓度都没有，就完全凭鼻闻、眼观、舌头感觉，将各种编号反复交错配制，观察了闻，闻了尝，品了又配，不知有多少次排列组合，也记不清多少个废寝忘食的日日夜夜。

他曾因劳累过度和低血糖多次晕倒。据老厂长邹开良回忆，有一次，他凌晨两点钟才睡觉，但就是睡不着，突然想起什么，就翻身起来在他家里的小工作室勾起酒来了，直至天明。第二天一大早，他老伴跑到办公室说，早上李兴发吐了几口血，请医生去看一下。当医生赶到他家时，只见他脸色苍白，满头大汗，说话无力。后来才知道他熬了几个通宵，累倒了。经过难以计数的酒样品尝、分析及构成后的变化测定等，终于归纳得出了茅台酒三种典型酒体：即酱香、窖底香、醇甜。具有酱香味，且味感幽雅细腻的，定为酱香体。用窖底酒醅酿烤，放香好，但酒味冲辣者定为窖底香。含有大量多种香气成分，味醇甜者定为醇甜体。

在确立了三种典型体酒之后，科研组又按不同的比例，采用了任意、循环、淘汰等勾兑方法进行了数百次的勾兑，终于摸索出了一定的勾兑规律，勾兑出的茅台酒"无色透明，特殊芳香，醇和浓郁，味长回甜"[1]。根据其独特的芳香，李兴发将它命名为酱香型酒。

对此，季克良由衷地感叹："李兴发太伟大了！"

在分出三种典型体后，茅台酒试点科研小组采用纸上层析法，从组成成分上，进一步肯定其合理性和科学性。

三种主体香型的确立，使茅台酒的勾兑从感性到理性有了质的飞跃；三种香

---

[1] 据季老回忆，这是当时的评语。与后来的茅台酒评语"酱香突出、幽雅细腻、醇厚丰满、回味悠长，空杯留香"有所不同。

第八章 体系运作：新工匠精神的方法论

型的确立，进一步认识和完善了茅台酒的传统工艺，使其勾兑工艺更科学。它成了茅台酒发展史上的里程碑，使茅台酒的传统工艺得到了进一步的继承和发展。《贵州日报》1965年6月刊登了新华社题为《茅台酒质量进一步提高》的新闻报道，该文指出："工人出身的副厂长李兴发目前发现的调配（勾兑）方法调配酒，可以稳定地保持茅台酒特有香气和其他质量标准。"

1965年年底，在四川省泸州市召开的全国第一届名白酒技术协作会上，茅台酒厂代表宣读了季克良总结整理的《我们是如何勾酒的》论文，引起了大会强烈的反响和各厂家的高度重视。会后，各家白酒厂运用这一研究成果，根据各自的特点进行研究，在全国掀起了勾兑热潮。推动了各家白酒厂生产的发展和白酒质量的提高，明确划出酱香、浓香、米香、清香和兼香五大香型，奠定了中国五大香型白酒的格局。从此，全国评酒工作才有了比较科学而具体的分类评比标准。李兴发摸索出的勾兑技术，在为茅台酒厂立下了不可磨灭功劳的同时，也为全国白酒业的发展做出了一定贡献。

李兴发对茅台酒的质量把关始终如一。有一次，包装车间包装好了一批成品酒，有5000多瓶，但抽样检查中发现一瓶酒内有杂质，检验员请示他怎么办，李兴发把厂党委书记、厂长邹开良请到现场，邹开良表态说，我们厂的方针是"不允许不合格产品出厂"。李兴发立即果断地说，不管损失有多大，都要返工重来，要认真吸取这次事故的教训。

正是有了一代代德艺双馨的酒师工匠精神的传承，茅台才有了今天的发展。作为传统酒师，他们受的学校教育不多，尤其是不了解微生物发酵的现代科学知识，但是他们深明大义，推崇科学，这为季克良等新一代酒师的崛起奠定了良好的基础。

季克良：酒魂匠心

质量出自工人之手

茅台酒的酿造工艺相当复杂。虽然近年来科技水平日益提升，但是从制曲、制酒、勾兑，多数环节仍然大量依靠手工劳动。据2017年的统计数据，其总人数20329人中，本科以上学历人数占比仅为15%，技术工人占比27.6%。可见它基本上仍是一个劳动密集型企业。

季克良一直强调，茅台酒的质量出自工匠之手。这主要是由于茅台是固态发酵，流动性差，不同部位会形成各种差别，因此手工劳动占的成分较高，乃至人的态度、心情等方面因素都会影响酒的产量。这就像农民种庄稼，该施肥时施肥，浇水、拔草，一样都不能耽误的，最终肯定是勤快的人庄稼长得好。茅台酒生产的道理完全一样。人都有惰性，会偷懒，这时候就需要有个内行专家在旁边指点，帮助改进，这就需要推广"走动式管理"。

所谓"走动式管理"，就是要有一群精通实践知识的人，经常到各车间现场走动，发现问题，并能抓住关键环节。茅台酒的生产工艺说起来谁都知道，但是真正功夫就是现场。没有多年的经验积累，一般的走马观花，根本看不出问题。这是典型的"外行看热闹，内行看门道"。季克良不无自豪地说，我一下去，只要一看工人操作，就能看出你产量会不会好，还可以比较出两个班的成效。

正由于工人的手工劳动于对酒的产量、质量都会产生重要影响。因此，茅台一直以来强调要爱护工人，照顾好工人生活。

第八章 体系运作：新工匠精神的方法论

质量管理的精髓之一，正是让工人参与其中。这方面，加强班组管理一直是茅台的基础性工作。茅台推行班组管理有两个主要抓手：先有 QC 小组活动，后有特级班组，即树立标杆。这里主要介绍茅台坚持了 30 多年的 QC 小组活动。

QC 小组（或称"质量管理小组""质量圈"）源自日本，主要是指一组做同样或类似工作的工人定期会面，识别、分析和解决工作中的问题。通常规模较小（10 人以内），由主管或经理领导，并向管理层提出解决方案；有时候工人也自己实施解决方案，以提高组织的绩效并激励员工。

QC 小组是全面质量管理理念的组成部分，即鼓励全员参与质量管理，将质量控制前置到生产过程的早期，预防缺陷发生，而不是依靠后期检查来发现错误和缺陷，以此大幅减少因产品缺陷而发生的机器停机时间和废料最小化。

QC 小组最初由质量管理学家戴明于 20 世纪 50 年代所提出，其典型案例是丰田公司的实践。在日本科学家和工程师联盟（JUSE）的鼓动下，在日本工业界广泛传播。日本质量管理学家石川馨在此过程中起到关键性作用，被尊称为"日本 QCC[①] 之父"。第一家引进 QC 小组的公司是 1962 年的日本无线和电报公司。到 1978 年，日本有超过一百万个质量圈，涉及约 1000 万名工人。

---

① QCC：是指 Quality Control Circles，可译为"品管圈"。

图 8-2　季克良书法——攻必求克，心坚石穿

随着日本式管理风靡全球，很多欧美企业纷纷效仿。据纽约证券交易所数据统计，在 1980 年至 1982 年期间，近 1/3 拥有 500 多名员工的美国组织采用了 QC 小组。Lawler 和 Mohrman（1985）估计，在此期间，90% 的财富 500 强企业采用了 QC。[①] 但是，在欧美国家的 QC 小组由于劳资对立关系或效果不彰，普遍被放弃或做出重大调整，演变为各类质量改进和员工参与计划。

日本的质量圈是相对合作的劳资关系体系的一部分，涉及公司工会和许多全职长期雇员的终身雇佣保障。与这种以企业目标为导向的系统一致，质量圈提供了一种手段，鼓励生产工人参与公司事务，管理人员可以从中受益于生产工人对生产过程的深入了解。仅在 1980 年，基于员工建议的变革就为日本企业节省了 100 亿美元，为员工提供了 40 亿美元的奖金。

随着全面质量管理在中国的推广，QC 小组在国内曾经风靡一时。但是如前

---

① Lawler, E E III, Mohrman, S A Quality circles after the fad. Harvard Business Review. 1985, 63: 65–71.

第八章 体系运作：新工匠精神的方法论

所述，它仅仅是一场运动，在 20 世纪 90 年代初达到高峰后，热潮渐渐退去。以机械行业为例，在 20 世纪 90 年代初，每年注册登记的 QC 小组达近 10 万个，但是到 2001 年，仅余 1.4 万个。其他纺织、化工、商业等行业均有类似情况。[①] 到今天，很多企业甚至认为 QC 小组已经过时。

但是在茅台，情况却有所不同。QC 小组作为全面质量管理的一部分被严格地执行和落实，富有成效，且 40 年如一日。

1980 年，为了让"质量第一"的思想深入人心，茅台要求各车间、班组成立质量管理小组、技术研究小组和科研小组。

1983 年公司层面成立"全面质量领导小组"，由厂长季克良任组长。从 1984 年开始，公司每年组织一次全厂 QC 成果发布会，对优胜者予以奖励。到 2018 年已经是第 34 届，期间获奖无数。其中获得国家优秀质量小组的有五车间综合 QC 小组（1997）、三车间管家婆 QC 小组（2003）、技术中心菁华 QC 小组（2017）等。小组的负责人也得以脱颖而出。

从数量上看，茅台的 QC 小组也一直呈现上涨的态势。1989 年共有 QC 小组 33 个，2004 年公司共注册质量管理小组 187 个，涉及制酒、制曲、包装、动力等车间和生产部门共 15 个单位。到 2017 年，集团公司全年累计注册 QC 小组和课题 702 个，参与人数 7071 人次，涵盖了制酒、制曲、包装、勾贮等多个管理环节。[②]

茅台何以对一个明显已经"过时"的管理方法如此执着？难道是缺乏创新精神？

当然不是。

[①] 中国质协 QC 小组工作委员会. 我国 QC 小组活动的现状 [J]. 轻工标准与质量，2003，4.
[②] 茅台集团开展 2018 年 QC 小组活动交流会. 茅台官网，2018-03-30。

茅台在质量管理方面，一直在跟进新的管理模式，如 ISO9000 贯标、5S、6σ 等均有应用。更为重要的是，茅台的科技水平日新月异，大量借助新的科技手段，对产品质量进行跟踪和监测，使其在产量稳步提升的基础上，保持了品质的稳定性和一致性。

坚持 QC 活动，也可以说是茅台既能继承，又能创新的一个体现。不能不说，相比于很多不断追逐时髦管理思想的企业，茅台更能坚持。

美国管理学家亚伯拉罕森（Abrahamson）经过回顾，发现企业界与时尚业，如化妆品、服装、流行歌曲一样，存在管理时尚（Management Fashion）流行的现象。一些商学院、管理宗师（Guru）、商业杂志（以《哈佛商业评论》为代表）或咨询公司（以麦肯锡公司为代表），甚至监管机构，定期会提出新的理念和管理思想，企业为了表现自己符合规范、具有创新形象或带来新的变革，不断跟风，最终导致管理创新扩散的"风尚主义"（Faddism）。巧合的是，亚伯拉罕森在研究管理时尚设定和扩散时，用的正是 QC 小组的流行周期和变化。

图 8-3 是亚伯拉罕森编制的 QC 小组纸媒指数。其中一个数据来源于 ABI/Inform 数据库中相关的论文数量，另一个数据则是国际 QC 小组协会年度论文集的厚度。两个数据反映出同样的流行规律：热闹一番之后，光环褪去。

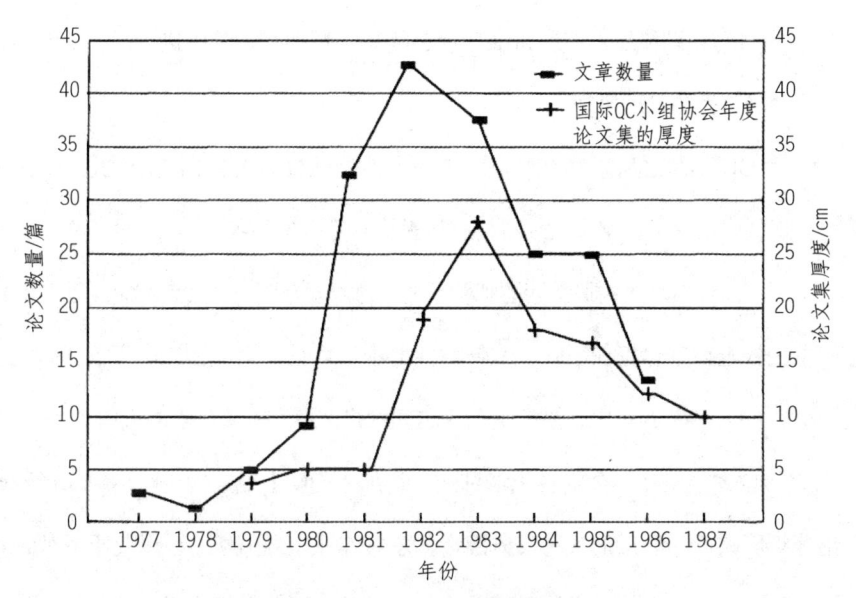

第八章 体系运作：新工匠精神的方法论

图 8-3 QC 小组的纸媒指数

资料来源：Abrahamson(1996)。

亚伯拉罕森的研究结果发现，企业在决定采纳一项创新，无论是技术创新还是管理创新，并不完全是理性的和基于效率的，而是存在时尚因素，即所谓的"花车效应"（Bandwagon Effect）。[①]

事实上，过度跟风的企业往往不能在这些管理创新中真正获益，相反可能会受损。其中最重要的一个原因是，一项创新的开展，在企业真正生根需要有时间的积累，其中的隐性知识需要通过与实践充分的结合，才能为企业所获得，进而指导实践。如果一家企业频繁地推广新的"创新"而不顾及旧的"创新"的实际效果，则很难从创新中获益。

---

① Abrahamson E. Managerial Fads and Fashions: The Diffusion and Rejection of Innovations [J]. Academy of Management Review, 1991,16（3）: 586-612; Abrahamson E. Management Fashion [J]. Academy of Management Review, 1996, 21（1）: 254-285.

季克良：酒魂匠心

不为时尚和潮流所左右，认准目标，练好一招一式，坚决执行，一往无前，正是茅台季克良的管理风格。

茅台QC小组之所以能够坚持，首先当然是通过QC小组活动的扎实推进，茅台真正从中获得了员工素质、科技、质量提升等多方面收益。

1994年，二次酒掉排的问题刚刚解决，制酒五车间通过QC小组活动，时任车间主任杜延秋亲自担任组长，有针对性地进行攻关，实现了二次酒（76.5吨）超一次酒（68吨）的目标，是第一个新车间刚投产就实现该计划的空白。[1]

有一位大学毕业不久的员工谈到，"在加入QC小组之后，与小组成员一起讨论分析影响产品质量的各种具体因素，拿着作业指导书学习，以及听酒师讲解操作中的难点时，我才知道，以前耳濡目染的那些'茅台酒生产工艺'，与现在学到的这些茅台酒生产工艺的内容比起来，真是天壤之别，相差太远了。"[2]QC小组无疑教育了这名对制酒理解过于肤浅的员工，对其触动很大。

2003年6月举办的第19次QC活动报告中，获得一等奖的竟然是国酒新闻QC小组的课题《提高电视采编人员的摄制水平》，可见茅台QC活动已经深入到公司的各个环节。[3]

茅台QC小组卓有成效的另一个原因还在于季克良等公司领导对班组现场管理的重视。作为从一线技术员成长起来的厂长，季克良深谙茅台生产的奥秘就隐含在生产工艺之中。质量不能仅停留在口头上，而是需要亲临一线，踏踏实实地干出来的。从这点看，他的管理风格与日本丰田公司的做法完全相符，是彻底的"现

---

[1] "2>1"的奥秘．茅台酒报，1994.3.30．
[2] 触摸茅台酒的灵魂——QC活动感受点滴．茅台酒报，1999.5.30，第2版．
[3] 公司QC活动态势喜人．茅台酒报，2003.6.30．

第八章　体系运作：新工匠精神的方法论

场主义"倡导者。

他不仅是这样说的，也是这样做的。作为公司的主要领导，只要一有空，他一定会出现酒厂车间一线，跟工人们一起讨论，现场指导工人工作。

季克良提到的一个典型的例子是有一段时间（20世纪70年代）二次酒出酒不如一次酒的酒窖比例高，计划完成得不好。之所以后来能够彻底解决这一问题，完全是他通过不断与现场工人的交流获得灵感的。他提到有一个工人名字叫杨富儒，虽然没有上过学，但工作很认真，生产经验非常丰富。有一次，季克良问他："杨老师，你能看得出来这个窖产不产酒吗？"他很肯定地说："能看得出来。"季克良马上向他请教。在杨富儒介绍了经验之后，季克良一听就感觉很有道理，凭借他掌握的科学知识，知道这其中有可以总结的经验。他马上请厂长、书记来开现场会。这样的现场管理可以迅速开展试验，从而让班组及时总结经验教训。

正因如此，他在工人中威望甚高，获得广泛的尊重。有员工亲切地说："那老头什么都懂，你啥也瞒不住他。"

管原料，还要管空气

在日本《寿司之神》的纪录片中，数寄屋的小野二郎几十年来，所选用的每一种食材都是日本最好的。他从最好的鱼贩那里买鱼，从最好的虾贩那里买虾，从最好的米贩那里买米。而这些供货商也非常愿意将最好的货源供应给他，因为他们知道小野最懂它的特性，可以让其产生最大的味觉效果。

季克良：酒魂匠心

"巧妇难为无米之炊"。寿司味道的好坏，固然离不开厨师的技艺，但更主要的还是依赖于海鲜食材的质量。

小野二郎与供货商之间长期的互利合作，形成一种牢不可破的信任关系，是"寿司之神"工匠精神得以延续数十年不可或缺的环节。

由此可见，仅仅企业自身坚守工匠精神是不够的，还必须有上游产业链所有供应商对工匠精神的认可。它既是一种经济利益的共同体，也是一种精神信仰的共同体，需要有彼此的默契和信任。

对于数寄屋这样的小店而言，其原料供应量小，对供货商无须进行管理。但是对茅台这样的百亿集团而言，其所需原材料量大面广，就需要一整套管理体系协调运作。同时，由于涉及土地、作物、农户、跨区域作业、环境等方面的因素，这套体系已经远远超越一家公司所能独立运行，在市场充分发挥作用的基础上，还需要得到政府部门的大力支持和协调。

赤水河水绵延数百公里，自上而下，跨越滇、黔、川三省。1972年，周总理明确指示："为了保证茅台酒的质量，茅台镇上游、赤水河上游一百公里内不准建工厂，特别是化工厂"，加之各省经济对于酒业的严重依赖，其生态环境一直受到特别的保护，是国内唯一一条没有被开发的长江支流，成为一条名副其实的"美酒河"。

但是，生态环境的保护并不是没有成本的，尤其自改革开放以来，地方政府为经济利益所驱动而牺牲环境的不在少数。作为对赤水河依赖度最高的特大型国有企业，不得不与政府一起，共同承担起相应的企业社会责任。

为了解决茅台镇工业和居民排污紊乱、城镇排水系统落后的局面，从"七五"（1986—1990年）开始，茅台集团把生态环境保护作为新的经济增长所需考虑的

第八章　体系运作：新工匠精神的方法论

因素，成立了生态环境部，大力实施"保护母亲河绿色行动"。

茅台一直在积极协助地方政府加大环境的整治，改善区域环境质量，治理方式包括几个方面。

（1）自行投资建设。"七五"以来，逐年投资近亿元，沿茅台河边修建了长约3千米的多功能河堤。公司建立了一支多达170人的环保专业队伍，对厂区及茅台镇的生产生活污水排放进行了全面治理，以保证水质。

（2）赎买。2001年，茅台出资300万元协助地方政府搬迁了仁怀市的两间水泥厂。

（3）取缔和安置。2010年，公司提供5.2亿元资金支持地方政府开展茅台镇及赤水河流域整治，取缔了202家手工造纸作坊和两家造纸企业，拆迁安置了企业周边868户居民住房。

（4）推动立法。在公司的积极呼吁和协调下，2006年贵州省人民政府出台了《赤水河上游生态功能保护区规划》和《茅台酒原产地及赤水河上游地区生态建设和环境保护规划实施方案（2007—2012）》。2008年，川、滇、黔三省达成了赤水河流域生态环境联动保护机制。2011年7月29日，贵州省十一届人大常委会第23次会议审议通过了《贵州省赤水河流域保护条例》，这是第一部综合性的、专门规范赤水河保护工作的地方性法规。

茅台酒生产所使用的高粱，被称为"红缨子"高粱，这是一种大娄山山脉地区专产的糯高粱，也是基于当地的自然环境，如日照、雨量、土壤、植被等因素共同作用下的特产。季克良曾经认真地考察过，发现当地高粱品种之所以适合茅台酒是因为其颗粒坚实、饱满、均匀、皮厚，断面呈玻璃状，耐蒸煮，水分含量

175

季克良：酒魂匠心

为 11.5%，单宁含量 2%，淀粉含量 66%，其中对茅台酒有利的支链淀粉高达 90% 以上，是其他高粱品种的数倍以上，正适合高温发酵、反复翻造的独特工艺。小麦则要求本地的小麦，同样要颗粒坚实、饱满、均匀、皮薄，呈金黄色，断面呈粉质状，理化指标要求水分不超过 13%，淀粉大于 60%，千粒重大于 38 克。

正由于这种高粱与茅台酒的天然和谐性，早在 1986 年，国家农牧渔业部把仁怀定为高粱基地，投入 120 万元，以备茅台酒生产之需。

茅台 1999 年在仁怀设立绿色食品原料基地，2001 年开始建设茅台酒有机原料种植基地，逐渐形成一条绿色供应链。公司秉承"健康从土地开始"的理念，把种植基地作为茅台酒生产的"第一车间"，实施"公司＋基地＋农户"三级管理模式，并成立了专门机构对有机原料基地进行严格监管，在高粱和小麦的种植过程中杜绝使用化肥和农药。2011 年，公司有机原料种植面积达 42 万亩，覆盖仁怀、习水、金沙三县市 57 个乡镇，13 万家农户。

在"公司＋基地＋农户"三级管理模式中，茅台公司对基地进行管理，基地对农户进行管理，农户具体实施种植管理。并采用策划、建设、监督、评价改进的管理模式，确保有机原料种植产业健康发展。

茅台公司通过与基地签订有机原料种植、采购合同，对基地进行规划，投入资金、有机种子和有机肥，提供技术支持、实施管理，定期对基地进行考核。据统计，从 2002 年到 2010 年，茅台投入原料基地建设资金累计为 4300 多万元，主要用于向种植户无偿提供有机原料种子、有机农药、有机肥补贴，修筑、硬件田间道路，蓄水池、水渠，安装杀虫灯等。向仁怀、习水、金沙三个原料基地预计投入生产扶持资金 1337 万元（其中高粱 1226 万元，小麦 111 万元），主要以投入有机肥料、种子、农膜、生物农药等物资。

基地将计划任务逐级分解，最后与农户签订订单，实施认证、管理、对农户进行培训。农户按有机种植标准种植有机原料，并按合同将收获的有机原料销售给基地收储公司，收储公司再将收储的有机原料销售给茅台公司。

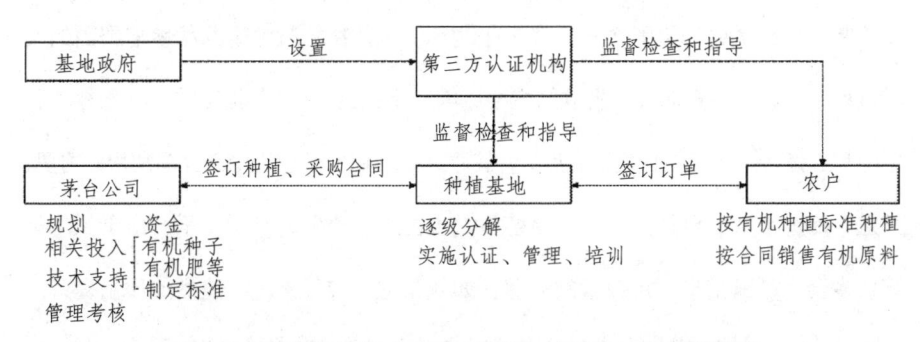

图 8-4 茅台公司的"公司＋基地＋农户"三级管理模式

茅台公司还注重和地方有机原料基地管理机构协同实施管理，并接受第三方认证机构的监督检查和指导。基地县市设置专门机构完成此项工作。由县（市）长任组长，各乡镇党委书记为直接责任人，层层分解计划，层层落实工作，直至每一农户的种植管理。

为了确保茅台酒有机原料的供应，调动农民的积极性，茅台不断加大原料基地的建设力度。从 1984 年起，坚持以远高于市场平均价格的优惠条件收购本地的有机原料。仅此一项，2003—2008 年，就要多支付收购款 1.6 亿元，使当地的 8 万余户农民成为"粮食增产、农业增效、农民增收"的直接受益者。

2008 年以来，公司每年与当地政府各出资 100 万元作为风险保障基金，建立种植原料风险保障机制，切实降低自然灾害对种植农户带来的风险。例如 2009 年，高粱的收购价格从 2008 年的 5.1 元 / 千克提高到 6.2 元 / 千克，仅仁怀市高梁产值就达 4 亿元，农民人均增收 300 多元。

除了赤水河的水、麦子、高粱等主要原料，茅台酒还有一个最为重要而神秘的原材料：环境的微生物群落。

季克良的一个重要发现，就是"离开了茅台镇生产不了茅台酒"。而这一重要论断背后最重要的原因之一，就是此地环境中独特的微生物群落参与到酒的发酵过程中。这正是异地试验失败的主要原因。季克良 1974 年提出的"九条经验"中的第二条是"严格控制入窖温度"，其原因是堆积发酵过程中，合理利用、网罗、繁殖、筛选了自然界的微生物。温度与微生物生长繁殖有密切关系，由于微生物繁殖多会为酒醅带来一定数量的营养，如氨基酸、维生素等，使酒的质量提升。因此在一定温度范围内，堆积温度偏高时酒的产量少，但是质量好。

面对微生物这种看不见摸不着的"原材料"，如何保证其生存的环境不变异？这一看似无法完成的任务，决定了茅台在治理污染方面不可能像其他企业那样"先污染，再治理"，从而体现在生态环保这一问题上态度和行动上的坚决性。

1984 年，茅台首先进行了大气污染物治理，对当时的 2 台 4T/H 锅炉安装了麻石水膜除尘器，确保烟尘达标排放。此后，公司对扩大再生产新建的锅炉同步安装麻石水膜除尘器、脱硫装置等，确保了所有锅炉的烟尘全部达到和优于国家标准排放。投入资金 1200 万元建成了废水处理站，采用上流式厌氧污泥床——生物接触氧化工艺处理制酒生产中高浓度有机废水，日处理废水 70 吨，确保了制酒生产的底锅水全部达标排放。投入 500 万元修建了供公司与茅台镇共同使用 50 年的垃圾填埋场。建成了废气、废水在线监测系统，并实现监测数据与省、地、市环保部门联网。

第九章

追求卓越：新工匠精神的目标

第九章 追求卓越：新工匠精神的目标

一个成熟且有长远发展目标的企业，追求的目标应是科学把握发展节奏。套用一句经济学的话就是：价值在手，预期在胸。

——季克良

风靡一时的《追求卓越》一书曾经对美国管理过于重视理性工具提出严厉的批评。作者托马斯·彼得斯和罗伯特·沃特曼认为，"管理工具使得我们养成这样一种理性的思维定势，对优秀企业中创新的真正源泉不屑一顾。"[1]

在分析一般理解的工匠精神过程中，笔者也常常有类似的感觉。传统工匠精神的优势是显而易见的，但是如果仅限于科学管理工具、质量管理、价值工程的运用，并不能保证一家企业取得卓越成就，这是管理学界的共识。同样，它无法充分解释茅台近些年的成功。很显然，工匠精神还需要明智的战略引领。因此，作为一家立志追求卓越的企业，茅台的新工匠精神中还应包括更多的内容。

大道至简：好产品、好口碑、正向循环

如果要问，茅台成功的秘密是什么？

---

[1] 托马斯·彼得斯，罗伯特·沃特曼. 追求卓越[M]. 龙向东，等译. 北京：中央编译出版社，2000, 4: 9.

季克良：酒魂匠心

多数茅台人会自豪地回答：质量。

在当前变化的年代，很多人会对此不以为然。他们强调变化，认为这种追求极致质量的工匠精神太"迟钝"，并不能适应时代。当前竞争的重点在于快速反应和商业模式。

仅靠质量的确不能保证一家企业的卓越。质量过硬的企业陷入经营困境的例子并不少见，如数码时代的到来，让传统胶卷行业巨头如柯达、爱克发等被颠覆；智能手机让非智能时代的诺基亚、摩托罗拉等手机厂商纷纷陷入破产的边缘。这些被颠覆的企业，其产品质量一直是有口皆碑的。

其实，在对日本"失去的20年"的批评中，有一种观点就是认为日本人被所谓的工匠精神害了。原因是工匠精神追求极致的产品质量，容易陷入细节，产生不了革命性的创新。而在当前互联网革命的大潮下，日本未能产生像中国BAT式的互联网巨头，就是一例。[1]

不仅如此，日本近年来频频出现一些大企业如东芝、高田、神户制钢造假事件[2]，也让人对日本制造的工匠精神本身产生怀疑。

这些质疑当然有一定的道理。但是，我们今天已经知道，日本并没有所谓"失去的20年"。有专家分析指出，1991年破灭的泡沫经济对日本的负面影响在1998年左右就基本结束了，之后日本从经济、法律方面锐意改革，到2010年

---

[1] 参考：东芝陨落，工匠精神与一个年代的陨落。

[2] 参考：日本工匠精神神话破灭了吗？2017年10月8日，日本第三大钢铁企业神户制钢承认，2016年9月至2017年8月期间，公司旗下的四家日本工厂所交付的铝、铜产品均存在篡改材料数据等作假行为。电气行业巨头东芝被披露自2008年起至2014年末，共虚报利润1562亿日元，这个数字占到东芝5650亿日元税前利润的将近30%。汽车安全气囊业界巨头高田，2017年6月因安全气囊瑕疵导致死伤事件，无力承担召回后果而申请破产。

第九章　追求卓越：新工匠精神的目标

完成了第四次产业升级。[①]确实有一些企业因为没有跟上时代的步伐而光环褪去，但是日本在很多核心技术上仍然处于世界最顶尖的位置，尤其在代表人类科学发展的最高峰——诺贝尔奖上持续折桂。同时，还必须看到不同行业的差别是巨大的。很多被颠覆的家电制造、电气设备、信息通信技术企业，都处于一些技术变革日新月异的行业，或者技术一旦普及就成为成本和规模之争。在中国消费品市场上，国产品牌占据地利优势，一再上演对洋品牌的颠覆，主要是这些行业。

在食品行业，则展现出不一样的景象。首先，这一行业产生的变化没有那么剧烈。其次，尽管人们可以为一时的广告所迷惑，但对食品、饮品质量的要求是始终如一的，对质量的关注完全是压倒性的。所以一些百年企业，如可口可乐、百事可乐、麦当劳、肯德基等仍然能在市场占据主导地位。新兴的饮料品牌想要颠覆它们，不是说不可能，但也是极其困难的。

在中国白酒行业更是如此。当前排在前列的品牌，都是传统名酒系列，无一新兴酒厂。近年来兴起的一些个性化品牌，如"江小白"等，都仍然属于小众，很难形成主流影响。首先，这与白酒这种特殊商品在地域上的自然垄断有关，"无中生有"在白酒行业是不可想象的。其次，仍然是与人们对白酒质量有特殊关切，质量拥有一票否决权。这一行业，没有质量保障，奢谈情怀无疑是一件可笑的事。最后，相比于洋酒，中国白酒拥有天然的口味和文化优势，多数国人对洋白酒的口味普遍不能适应，文化上也格格不入。

质量和品牌相互配合，是白酒企业保持基业长青的两大基石。

"质量"二字当然不是茅台成功的全部，其逻辑其实是如图9-1所示的循环。

[①] 李海燕，陈卓. 日本真的失去了20年吗？《财经》年刊2019：预测与战略，2018-11-24.

笔者将其归纳为"茅台追求卓越之道"：好产品、好口碑、正向循环。

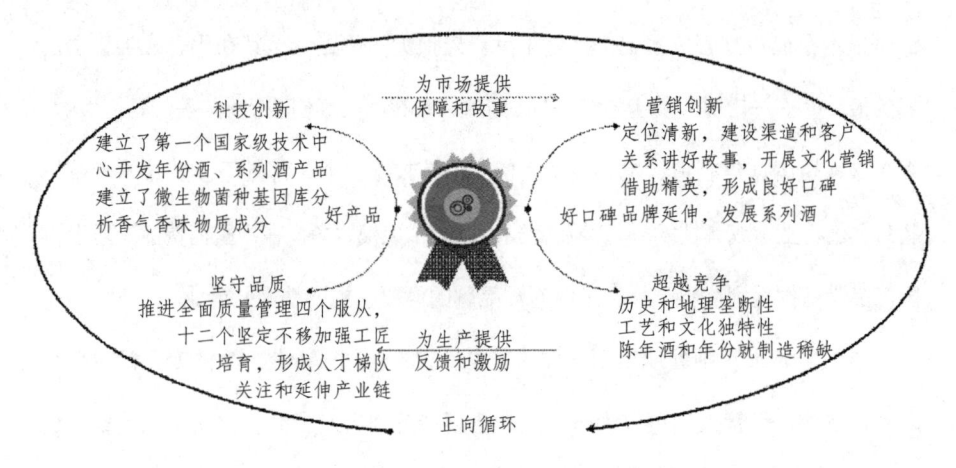

```
                        为市场提供
        科技创新         保障和故事         营销创新
   建立了第一个国家级技术中              定位清新，建设渠道和客户
   心开发年份酒、系列酒产品              关系讲好故事，开展文化营销
   建立了微生物菌种基因库分              借助精英，形成良好口碑
   析香气香味物质成分    好产品          好口碑品牌延伸，发展系列酒

        坚守品质                         超越竞争
   推进全面质量管理四个服从              历史和地理垄断性
   十二个坚定不移加强工匠  为生产提供    工艺和文化独特性
   培育，形成人才梯队    反馈和激励      陈年酒和年份就制造稀缺
   关注和延伸产业链

                        正向循环
```

图 9-1　茅台追求卓越之道：好产品、好口碑、正向循环

茅台新工匠精神的第一个小循环是"好产品"，属于企业内部管理范畴，包括坚守品质和科技创新两个方面。这是前面几章的核心内容。在此不再赘述。

茅台新工匠精神的第二个小循环是"好口碑"，属于企业对外营销和建立客户关系的范畴，包括营销策略和超越竞争两个方面。前者是传统营销战略制订和创新，以与对手对抗和竞争为主；后者则是试图超越竞争，开拓一片让对手无法复制的蓝海。

茅台在营销方面先后接受了现代营销管理中所提及的多种思想，面向重点领域、重点市场开展工程营销、文化营销、服务营销、感情营销、个性营销、诚信营销、事件营销等。但是从战略层面看，这些都是具体的营销手段，其根基体现在四个方面。

·定位清晰，建设渠道和客户关系

改革开放之前，茅台产量小，主要用于国家领导人、军队、涉外宾馆等内部专供，是真正的"皇帝女儿不愁嫁"。普通人既消费不起，也消费不到。各大经销商是国家指定的。

第九章　追求卓越：新工匠精神的目标

1985年3月，茅台的计划经济坚冰开始融解，可以将超出计划的部分30%自行销售。此后销售自主权越来越大。

开始意识到要把经销商和用户当成恩人的思想是从1998年开始的，那一年的五月，季克良刚上任董事长，但到了七月茅台销售任务才完成全年的30%，茅台面临重大的生存危机。

到底是"以生产为中心"，还是"以市场为中心"？这对旁人来说显而易见的问题，对于一直主管生产的季克良来说，却是一个极其痛苦的转变过程。但是为了生存和发展，他还是毅然地转变了观念。

茅台"以市场为中心"有两大特点。一是作为食品生产商，茅台强调换位思考。生产者同时也是消费者，必须保障质量，才算对得起消费者。而当产销量不断扩大，如何保持初心？就需要这种换位思考。在过去四十年中，中国有太多的企业奋发一时，待规模扩大后，在质量上的折扣犹如白酒直接兑水，而后溃不成军，淹没在历史的潮流中，其实就是忘了对消费者负责的初心。二是对"利润最大化"目标的超越。这曾经是一个非常具有争议性的问题，一些著名的经济学家，如诺奖得主弗里德曼认为企业不应该关注利润以外的目标。但太多的现实案例表明，利润只是企业经营的底线，做企业必须有利润，但是利润最大化却不是一个好的目标。那句有名的俗话其实应该反过来说："没有钱是万万不能的，但金钱不是万能的"。

对于茅台季克良而言，始终有着比利润更为重要的目标，即质量。以此为指导，茅台得以正确地处理好与经销商、上游种植户、地方政府等各方面的关系，为自身发展赢得了良好的外部环境。如果缺乏质量这个坚定的信仰，而改成以效益、利润为目标，很难想象茅台会有后来的发展。

茅台的经销商以其忠诚在业内闻名。其主要原因就是他们为季克良等茅台领导人把经销商当恩人的思维所感动，形成了一种牢不可破的联盟关系。季克良的态度很明确："企业领导一定要摆平心态，不要因为经销商攒了大钱就眼红。如果这一关过不了，不仅是企业经营不好，个人还很容易犯错误。"

每年的经销商联谊会，季克良几乎是必到。有一次因故迟到，他到达会场之后，还给各位经销商深深鞠了一躬，以表歉意。2005年，茅台北京市门头沟的一名经销商张少勤因病辞世，他经销茅台达20年之久。茅台不仅专门派人去参加葬礼，对家属致以慰问，季克良还专门写了一篇《哭张少勤同志》的悼文，情真意切，让人感动。

· 讲好故事，开展文化营销

有关茅台的传统中，有很多传说，其复杂的工艺来源与著名酒师形成一种特殊的酒文化。

这其中，最为让人感叹的，还有季克良本人与茅台半个世纪的故事：大学毕业分配到茅台，历尽艰辛，运用科学知识，几十年如一日对茅台酒秘密的探求和对质量的坚守，终成大器。这已经是中国白酒业的一段佳话。

所有这些故事经过很多文人墨客的生花妙笔，成了电影、电视剧、小说和诗歌，也进入了商学院的案例库中。

· 借助精英，形成良好口碑

国宴上的频频亮相，各种盛大集会，领导人举杯相庆是茅台品牌的重要源泉，这些可算是中国性价比最高的广告。迈入社会主义市场经济之后，茅台要做的，是如何把这些广告价值变现。

第九章　追求卓越：新工匠精神的目标

茅台酒与部队的友好关系是历史形成的，很多将军都是茅台酒的忠实拥趸。茅台酒厂的很多题词均由此而来。在2012年年底"八项规定"出台之前，借助于这种良好关系，茅台每年坚持到军队慰问，还到政府相关部门做沟通推广，在政府、军队大院附近设立专卖店，缩短销售环节，有效地巩固了茅台酒的高端形象定位，最终取得了良好的市场效果。

·品牌延伸，发展系列酒。

季克良一直坚持让茅台酒价格不要涨得太高，最好低于最低工人工资。茅台要生产让老百姓喝得起的平民酒，走平民路线。

但是从实际情况看，这一目标似乎并未能实现。这主要是由于茅台的高端定位使然。很多喝酒的人即便在节假日，也未必会舍得去买一瓶茅台来庆祝。相反茅台作为高端礼品的功能相当突出，造成了买茅台的人往往不是喝茅台的人现象。

于是，便有了茅台系列酒的发展，如茅台王子酒、迎宾酒、赖茅、华茅、王茅等，定位中低端市场，培育酱香用户群体。

从计划经济转向社会主义市场经济的过程，实际上是打通上述两个小循环，使之形成良好的互动关系的过程。

它们之间的关系是，好产品为形成好口碑提供全方位支撑，包括有形的和无形的，如与茅台有关的各类故事，让人们在消费茅台酒时有着不一样的感受，提供高品位的体验。

反过来，好口碑可以为好产品提供反馈和激励。用户对茅台的正面反馈，必定会给公司带来源源不断的现金流。用户的反馈中既包括为茅台贡献市场份额，用于激励公司员工，也有很多市场中流传的故事，让员工在抓质量方面更加坚定，更具积极性，以此捍卫企业的声誉和形象。

如此循环往复，像管理学家柯林斯在《从优秀到卓越》一书中所讲的，一切就绪，积蓄势能，转动巨大的飞轮，如此日复一日，年复一年，茅台逐渐迈上了卓越之路。

超越竞争，突显"卓越"

在战略管理领域，迈克尔·波特犹如哲学史上的黑格尔，他的《竞争三部曲》[①]如三座高峰巍峨耸立。他提出企业有三种基本战略：成本领先、差异化、聚焦。在他之后，这一领域的研究人员要么选择服膺于他，要么以反驳他为起点，但是无法选择忽视他。

《蓝海战略》就是一部以反驳和颠覆波特战略理论为起点最成功的著作之一。当该书作者金和莫博妮在1997年提出"价值创新"的理念，声称"打败竞争者的唯一办法，就是停止那些试图打败竞争者的做法"时，[②]整个管理学界似乎都一下子安静下来了，大家吃惊地看着这对伉俪像冲进陶瓷店的大象，把大家对于竞争的一般理解完全颠覆了。

如果将《蓝海战略》的观点归纳成一句话，那就是：关注价值创造，让对手变得不相关，从而摆脱波特所说的行业内血拼式竞争战略，即所谓的"红海"。

---

① 即《竞争战略》《竞争优势》和《国家竞争优势》。
② Kim, W. Chan; Mauborgne, Renée. Value Innovation: The Strategic Logic of High Growth[J]. Harvard Business Review. Jan/Feb1997, 75（1）: 103-112.

第九章　追求卓越：新工匠精神的目标

表 9-1　红海战略与蓝海战略之比较

红海战略	蓝海战略
竞争于已有市场空间	开创无人争抢的市场空间
打败竞争对手	甩脱竞争
开发现有需求	创造和获取新需求
在价值与成本之间权衡取舍	打破价值与成本之间的权衡取舍
为同时追求差异化和低成本协调公司活动的全套系统	按差异化或低成本的战略选择协调公司活动的全套系统

资料来源：金和莫博妮(2005)[①]。

从20世纪90年代以来较长的一段时间，茅台的市场份额和发展速度被五粮液所压制，后者借助"买断经营"的思路，并通过大量品牌兼并，规模迅速做大，其风头可谓一时无两。2000年，其收入一度达到茅台的近3.6倍，让号称"中国白酒业的领跑者"的茅台处于一种非常尴尬的地位。

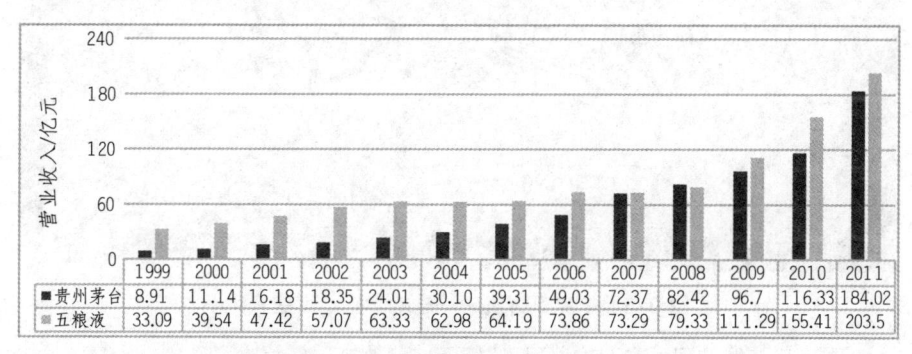

营业收入/亿元	1999	2000	2001	2002	2003	2004	2005	2006	2007	2008	2009	2010	2011
贵州茅台	8.91	11.14	16.18	18.35	24.01	30.10	39.31	49.03	72.37	82.42	96.7	116.33	184.02
五粮液	33.09	39.54	47.42	57.07	63.33	62.98	64.19	73.86	73.29	79.33	111.29	155.41	203.5

图 9-2　茅台股份与五粮液营业收入对比（1999—2011年）

数据来源：茅台股份、五粮液历年年报[②]。

市场不相信眼泪，季克良深深懂得这个道理。在他的战略构思中，显然不是

[①] WC金，R莫博妮. 蓝海战略——超越产业竞争，开创全新市场[M]. 吉宓，译. 商务印书馆，2005.

[②] 2008年茅台销售收入超过五粮液之后，五粮液集团将多种经营收入归入股份公司，得以反超。但是单品的销售收入仍然是飞天茅台领先。自2013年至今，茅台得以全面领先。

简单地采用波特的差异化战略,更不是低成本战略,而似乎有一些方面与"蓝海战略"不谋而合,即价值创新,摆脱竞争,让竞争变得不重要。但是,他走的是另一条新路:化竞争为垄断,而这里所说的"垄断",其实就是创造一个让竞争对手无法模仿的蓝海。他说:"在完全竞争性行业中,靠营销方法打拼,必然是竞争激烈,乱象丛生,你死我活。我根据企业的实际情况,做了以下几方面工作,逐步使茅台酒在营销上变竞争为垄断。"①

图 9-3 季克良书法——成就未来,完美人生

季克良在他的回顾文章中提到了以下几项工作。

1991 年提出"离开了茅台镇生产不了茅台酒",新世纪初再次提出并为茅台酒申请了生产原产地保护和国家地理标志,让特定地理位置和原产地的概念牢牢树立在消费者心目中,从而无可替代。仁怀市一位领导在大会上说,季总的这句话分量很重,把一座 20 亿元的金山固定在仁怀了。

---

① 季克良. 结缘八十载,相伴半世纪 [N]. 国酒茅台,2018.4.

第九章 追求卓越：新工匠精神的目标

开发年份酒。参照白兰地、威士忌的做法，组织开发了15年、30年、50年、80年陈年茅台酒，拉开了不同产品的市场区隔，让茅台往高端走向奢侈品市场，摘取利润最为丰厚的高端市场份额。到2000年，利用茅台酒越陈越香的特征，季克良要求在茅台酒包装上标志出厂年份，相当于开发了另一种装了瓶的年份酒，并且规定每年涨价5%~10%，让茅台酒成为一种具备收藏价值的商品，市场永远处于一种饥渴状态。

事实上，在笔者看来，至少还有两个未曾提及的因素。

一是早期对酒香型的划分，让茅台有效地与其他香型区隔开来，避开了与主流的浓香型酒的正面冲突，使茅台在市场处于劣势、较为弱小的时候，避免了受到直接的冲击。市面上很多浓香型白酒如泸州老窖、剑南春、洋河等，他们前面永远横亘着五粮液这个巨无霸。

二是茅台的历史优势。时间是高品质茅台真正的酿造者。

很多人知道，茅台酒是通过老酒与新酒的勾兑而生产完成的。茅台15年以上的老酒，都是货真价实，以其历史的积淀而保存下来的，体现在其20世纪60年代就提出的"积足陈酿，不卖新酒"这一理念之中，茅台的酒库比生产厂房多得多，是茅台镇一道特别的风景线。酒库本身就是一个无价之宝。其他酒厂如果没有足够的老酒积蓄，是永远无法与真正的茅台酒相匹敌的。

这些观点与做法的广泛传播，让茅台酒厂在1998年利税上升到行业第二位，茅台酒2004年单品销售额跃居行业第一，2008年主营业务收入一度超过五粮液，最终于2013年之后开始拉大与主要竞争对手五粮液的差距。

站在当下，如果要问茅台酒的竞争对手是谁？确实是一个不易回答的问题。

茅台酒不是没有对手，最大的对手就是自己。茅台如果在市场上被打败的话，最大的可能是自身出了问题。

工匠还需愿景引领

企业战略和愿景是一个眼光向外、面向未来的前瞻性概念。它是由企业家提出的，由企业家决定。传统工匠最大的弊病，如德鲁克指出的，在于缺乏愿景引领。他们只知道自己的手艺是这个镇上或本区域内最好的，却缺乏大教堂和宏伟大厦的概念。

尽管改革开放以来，茅台也一直在实现向社会主义市场经济的转变，内部改制一直在进行之中。但是迟至1998年，茅台才进入真正意义的社会主义市场经济，直面市场竞争。在1997年以前，茅台的战略几乎都是围绕着管理，尤其是质量管理进行的，1997年才开始将营销列入其中。其原因无非是之前茅台并没有完全的自主销售权。由以下列举的1991年以来茅台酒厂的方针可见一斑，而"方针"一词正来自全面质量管理。

1991年厂长方针：团结一致，继续拼搏，求实开拓，稳定发展，认真搞好质量、品种、效益、管理，为实现国家一级企业顺利验收而奋斗。

1994年厂长方针目标：以党的十四大和十四届三中全会精神为指针，以质求存，以人为本，抓住机遇，加大改革开放力量，逐步建立现代企业制度，解放思想，

第九章　追求卓越：新工匠精神的目标

团结拼搏，为实现 3251110 目标而奋斗。①

1997 年企业方针目标：解放思想，振奋精神，反骄破满，加大改革、发展、管理和营销力度，完成 74422110 目标，实现"两个文明建设"双丰收。

1998 年企业方针目标：高举邓小平理论伟大旗帜，解放思想，树立信心，振奋精神，加大改革、营销、管理和科研开发力度，实现 10442110 目标而奋斗。

随着社会主义市场经济的建立，茅台公司明显需要更加贴切的、直接能振奋全体员工的战略和愿景，而年度目标仅仅是战略的落实，是执行层面的。

当企业产量已经不成为关键问题的时候，它需要超越数量和利润的，更加振奋人心的愿景。这时候，季克良提出了"把茅台酒打造成世界蒸馏酒第一品牌"这一愿景。

图 9-4　季克良书法——小胜靠智，大胜靠德

作为一家地处内地的大型国有企业，茅台的发展受到太多的关注。季克良回

---

①　"3251110"是指茅台酒生产 3200 吨，利税实现 2.2 亿，建成 500 吨制酒生产能力，新酒成本控制在 10000 元以内，出厂合作率 100%，逐步建设世界一流企业，安全工作实现"四零一低"。后面的数据意义与此相近。注意其中只有利税，而没有销售收入目标。直到 1997 年才正式列入销售指标。

忆说："有的建议把仁怀打造为中国酒都，也有的提中国白酒之都，也有建议打造成国酒之都，也有建议把茅台酒厂打造成酒文化之都，我提出了'把茅台酒打造成世界蒸馏酒第一品牌'，后来发会议纪要时明确提出'把茅台酒打造成世界蒸馏酒第一品牌'！"①

这一愿景延续至今，在可以预见的将来，仍将指引茅台前进之路。这就是愿景的力量。

最后，还需要回应的是，有关国有企业的企业家精神的问题。

从熊彼特对企业家精神的原始意义界定看，他把生产要素新组合的实现称为企业（Entrepreneur），把职能是实现新组合的人们称为企业家（Entrepreneurship）②。这里的关键词之一是"职能"，而不是强调身份。一方面，熊彼特明确提出企业家不仅包括那些创业者，也包括现有企业中的经理、董事，还可以是与实业联系并不紧密的金融家。另一方面，他也严格界定，企业家应该具有首创性。举例来说，哥伦布第一次发现新大陆可称为企业家精神，后面的人再去就不是了。因此，那些仅仅从事经营职能的经理、商人，他们并没有首创精神，所以不在企业家之列。

跳出理论看商业实践，很显然，中国过去几十年中，在很多大型国有企业，其实满足熊彼特定义的、可称为"企业家"的为数并不少。一些国有企业是其负责人一手打造起来的，可谓创业维艰。我们无法否认他们是企业家的事实。

季克良属于这些企业家中成功的一例。他做了很多首创性的工作，完美地涵盖了熊彼特在《经济发展理论》所列举的全部五类创新，并且都取得了成功，对

---

① 季克良.结缘八十载，相伴半世纪[N].国酒茅台，2018.4.
② 此处译文直接借用商务印书馆1990年译本，从今天看，Entrepreneur翻译成"事业""创业"更加贴切。Entrepreneurship也可译为"企业家精神"或"创业精神"。

应分析如下。

（1）采用一种新产品或产品的新特性：开发出多种茅台酒，提出茅台具有保健功能，具有收藏价值等。

（2）采用新的生产方法，涉及大量茅台工艺流程的创新。

（3）开辟新市场，从政务市场转向商务、大众市场、奢侈品、收藏品市场；从高端延伸到中低端市场。

（4）控制原材料的供应来源：发现了"离开茅台镇生产不了茅台酒"，形成文化地理垄断。同时，茅台在有限的地域对高粱有机生产基地实施了垄断，控制了生产源头。

（5）实现产业新组织和垄断。茅台本身成为酱香酒生产制造的国家标准，在酱香酒方面的垄断地位不可动摇。

可见，企业的所有制性质并不一定是企业家形成的必要条件。但是，要让国有企业持续地涌现企业家精神，前提是现代企业制度的建立，并最大限度地减少政府对企业创新创业活动的干预，让市场充分发挥作用。

第十章
中国企业"新工匠精神"的四项修炼

第十章　中国企业"新工匠精神"的四项修炼

越是有世界影响的企业，越能找到普适的价值观：恪守常识、坚持品质、懂得尊重与分享。

——季克良

工匠精神能否真正成为一种时代精神，在于其是否能为这个时代的多数企业所真正接受并力行。传统工匠精神由于过于强调内部精细化管理，未能充分关照外部顾客和消费者的需求，以及应对颠覆性技术的冲击，存在诸多局限性。因此，本书尝试从茅台公司的发展历程和季克良身上所体现的"新工匠精神"，对此做出一个新的诠释。

茅台对工匠精神的坚守无疑有其特殊性。比如茅台只有茅台镇能生产，而茅台镇只有一个。又比如茅台享有"中国白酒业的领跑者"这一特殊地位，其享有独特的政治资源也不可复制。

但是，茅台一步步走来，其"新工匠精神"育成的过程，同季克良探索茅台酒神秘传统工艺的过程相伴随，均符合一定的科学规律。我们要做的，是要"祛魅"，如德鲁克所说，管理是一项实践，一门学科，可以通过一步步修炼习得。

本书前面部分将季克良的"新工匠精神"归纳为敬畏质量、以人为本、继承创新、产品本位、爱岗敬业、体系运作和追求卓越"一个核心，六个维度"。在本章中，只就其中部分要诀，做进一步的发挥，归为四项修炼。企业如果能够坚持，假以时日，就可具备"新工匠精神"。

季克良：酒魂匠心

敬畏质量，坚守信仰

工匠精神修炼的第一条，是以质量为信仰。信仰属于精神领域形而上的范畴，它是人们认定某件事为真理的坚定态度，无论它是否具有事实的经验证据。信仰本质上是一种牺牲的精神。人们会为了一个整体（大我）而不顾个人（小我）的利益，不畏任何艰难险阻，愿意为之付出一切，包括生命，如苏格拉底、布鲁诺、谭嗣同等。在现实中，一个人信仰的形成受到个人的少时经历、魅力型人物（明星、科学家、政治家等），以及社会思潮的影响。

在中国这样一个重世俗生活而缺乏浓厚宗教氛围的国度，并不存在那种本源意义的超现实的信仰。几千年以来，历代君王以儒家思想，主要是其中的道德观来治理这个社会，希望将一套成体系的道德纲常作为民众的信仰和行为规范。这形成了一套超稳定的社会结构。

茅台的质量信仰本质上可以追溯到对上天和祖宗的信仰。因为在这样一种借助天时、地利、人和的巧妙结合，产生出如此独一无二的美酒佳酿，实在不能不让人对上天和先人智慧惊叹不已，从而产生敬畏之心。

如孔子所言，小人不知天命，从而缺乏敬畏感。没有信仰指引，就会无所不为，"小人穷斯滥矣"。如季克良所说，企业如果不以质量为中心，很多商人就会以次充好，胡作非为。

孔子的学生中虽然有经商和为学都很成功的子贡，但他还是坚持说："君子

第十章　中国企业"新工匠精神"的四项修炼

喻于义，小人喻于利"。在他看来，那种重利轻义的商人完全可以归为"小人"之列。《孟子》一书的开头，就是孟子与梁惠王有关义与利的对话。王问孟子可以对本国做哪些有利的事？被孟子一句"上下交征利，而国危矣"，直接怼了回去。在"生"与"义"之间，孟子尚能舍生取义，更不必谈利了。

"日本近代化之父"涩泽荣一（1840—1931年）对这个问题进行了深入的思考，他结合自己的人生经验，专门写了一本影响力巨大的著作——《论语与算盘》，对传统儒家的义利观进行了重新的诠释，为日本近代资本主义发展开辟了道路。

涩泽荣一原是明治政府的官员，官至大藏大丞（财政部副部长）。后毅然退出政界从商，一生创立了500多项事业，可谓商界奇迹。在长期的实践过程中，他提出"算盘要靠《论语》来拨动，同时《论语》也要靠算盘才能从事真正的致富活动"这一观点，革新了日本人对传统"富与仁""义与利"不相容的观点，事实上也是对儒家文化的传统观点的革新。

但是，涩泽荣一的观点在日本之所以得到流行，并不纯粹是一种思潮的影响，而是伴随着日本现代经济制度建立而逐步形成的。也就是说，新思潮并不能必然战胜沉积多年的传统道德说教，即便后者已经明显不合时宜。它还需要制度上的变革，通过制度的实施形成新的激励。让讲诚信、讲质量的人受到激励，反之受到应有的惩罚。否则在巨大的利益诱惑下，总会有人见利忘义。

企业是社会的一个重要的器官，是一个有着特定目标的人群协作社会系统。在信仰方面，企业可以有所作为。或借力于外部，或通过内部管理创造出企业的信仰氛围。

从茅台质量信仰的形成过程中，我们发现，它经历了几个不同的阶段，每个阶段有其信仰的主要支撑力量，并顺利实现接力。这反映出一定的规律性。

《茅台酒厂志》载有一则茅台酒起源的故事来自"华茅"创始人华联辉孙子华问渠的回忆："咸丰末年，华联辉之母彭氏在一次闲谈中，偶然想起她年轻时路过茅台曾喝过一种好酒，觉得味道很好，嘱华联辉去茅台时带些回来，她还想再尝尝这种酒。华联辉逃到茅台镇时战事已过，到处是残垣断壁，过去酒坊已被夷为平地，作坊主人也不知下落，华联辉决定在茅台镇开设酿酒作坊，一是奉慈母之命，二是往来应酬也需好酒。"

这则故事说明当时华氏酿茅台主要是为了家庭自用或亲友馈赠，而非出售。自用才是品质保障的根本，是一个常识。这可以看作茅台酒厂幼年时一个重要经历。

1951年茅台酒厂成立，茅台酒受到国家领导人的喜爱，茅台进入类似于古代的监造制。推动质量成为信仰的另一股强大力量来自政治压力。由于处于计划经济，茅台酒厂虽然亏损，但是并无倒闭之虞，相反倒会因为抓质量而获得其他企业难以想象的特殊资源。而季克良这样懂科学的酿酒专业技术人才的加盟和大力弘扬，让茅台酒质量真正有了保障。其外部压力加上内部动力，进一步坚定了茅台人的质量信仰。这可以类比为其青年时代受到魅力人物的重要影响。

进入社会主义市场经济时代，茅台的品牌价值得以逐步释放，其对质量的坚守成为茅台文化、品牌价值不可分割的一部分。从消费者角度看，质量已经成为其核心竞争力，是对其品牌价值贡献最大的一部分。由此，尽管规模的扩大，市场机制顺利地实现接力，此时的茅台已经是一个成人，经过市场的洗礼，更加坚定了信仰，成为一个有敬畏的质量主义者。

第十章 中国企业"新工匠精神"的四项修炼

作坊时代：幼年期
孝敬老母,自饮或赠送为主
良心酒

⬇

监造时代：青年期
外部政治压力
内部资源获取动力

⬇

市场时代：成年期
市场的认可
价值的倍增

图 10-1 不同时期支撑茅台质量信仰的力量和源泉

可以看出，信仰应该是一开始就萌芽，经历岁月的磨炼而日益坚定的。在不同的成长阶段，支撑质量信仰的东西不同，但是对于质量的追求是一以贯之的。企业在不同阶段应该努力发掘自己有关质量信仰的支点。

以人为本，提升技能

尊重工匠，尊重个人，让其专心致志于业务，在企业内部营造工匠成长的制度和文化，这是企业打造工匠精神的基础。

在人力资源管理中，有三种"忠诚"之说：一是对职业忠诚；二是对企业忠诚；三是对雇主个人的忠诚。当企业规模不大时，后两者讲的是一回事。工匠精神主

203

要说的是对职业忠诚，是偏个人主义的。但是，现代企业显然更加强调对于企业或雇主的忠诚，是偏集体主义的。如何将个人目标与集体目标结合起来，是针对工匠这种人力资源所要解决的问题。

茅台是一家国有企业。国有企业在用人方面的特征是集体主义的。中华人民共和国成立后，个人成为单位人、组织人，要承担各项组织指派的义务，可以是工作以内和之外的。相应地，国有企业完全实施终身雇用，为个人提供生老病死等各类保障。甚至员工家里有什么纠纷，家属也往往会找到单位来。

这种情况下，个人目标与集体目标显得高度统一。企业像一个大家庭，领导人身为一家之主，对外要维护企业利益，对内要关照员工利益，赢得员工爱戴。员工则以企为家，潜心钻研，愿意为企业牺牲个人利益，表现高度忠诚。由于国有企业有相对稳定的职业特征，能够吸引一大批有知识、有才能的人才加盟。这种企业所理解的"以人为本"，就是企业要关心和保障员工个人福利和生活。

但是，一些国有企业并没有真正培育出工匠精神。相反由于过于讲求平等，打击了有才能的人的积极性。员工不思进取、出工不出力的现象比比皆是，导致企业效率低下。这种大家庭式、注重官本位的管理风格，让内部关系错综复杂，职业通道不畅，埋没了大量人才。

在一些民营企业，则呈现出另外一种现象。老板与打工者之间，是一种市场交易的关系，今天在A企业做，明天可以转到B企业。双方对未来的预期都偏于短期化，似乎是一锤子买卖。企业倡导个人之间的竞争，员工之间的收入差距较大。因此，很多工匠们都抱定以提升个人技能为本的思想，对组织的忠诚度较低。对于员工生活，老板们基本不干预。双方的权利义务关系就是你做好工作，我及时按合同支薪，仅此而已。此类企业所理解的"以人为本"，就是企业要履行好合同规定的义务，除了工作之外，企业并不对员工拥有更多的权利和义务，企业要少干预或不得干预员工的个人私生活。这种情况下，劳资双方都具有高度的不确定性预期，这种企业同样很难培育真正的工匠精神。

从工匠精神培育的角度看，这两种方式最终都将以失败而告终。工匠精神需要的是一种混合式的制度。从茅台一直以来的探索能够给企业这方面有益的启示。

茅台是从典型的集体主义文化氛围逐步向个人主义一端迈进，一方面仍然高扬爱国、爱企的大旗，保留集体主义的传统价值观；另一方面鼓励和认可员工个人奋斗的努力，发挥个人的最大价值。为此，公司专门为各类专业技术人员开辟了多条职业通道。为了体现对技术的重视，董事长长期担任总工程师。

从过于讲求平等，走向以"效率优先，兼顾公平"的指导原则，建立一套让能工巧匠脱颖而出的选拔机制和薪酬激励制度。原有的平均主义显失公平，伤害的是有才能的员工的积极性，从而不利于工匠精神的发挥。通过各类劳动竞赛、对质量的贡献奖励等，让有才能的人获得更多的物质和精神嘉奖，让市场机制在企业内部发挥作用。

从员工及其家属完全依赖于企业到现代企业制度的改制，对员工个人与企业之间划定权利义务关系。同时，有意在企业营造大家庭的氛围，发挥党群、工会、青年等组织的作用，重视思想政治工作，对员工个人生活仍然有所关照。

茅台就是这样，在个人与集体之间、在效率与公平之间，保持了一种微妙的动态平衡，从而有效地促进企业工匠精神的培育。

继承传统，科技创新

继承和创新并存是茅台发展史上的一个突出特征，也是季克良在任后期谈得最多、最富有辩证意义的管理理念之一。可以说，今天很多中国企业所面临的升级困境，其实就在继承和创新这对矛盾关系方面。

如果从技术演进的角度看，创新几乎是企业唯一的主题。没有创新，企业就会失去竞争力。

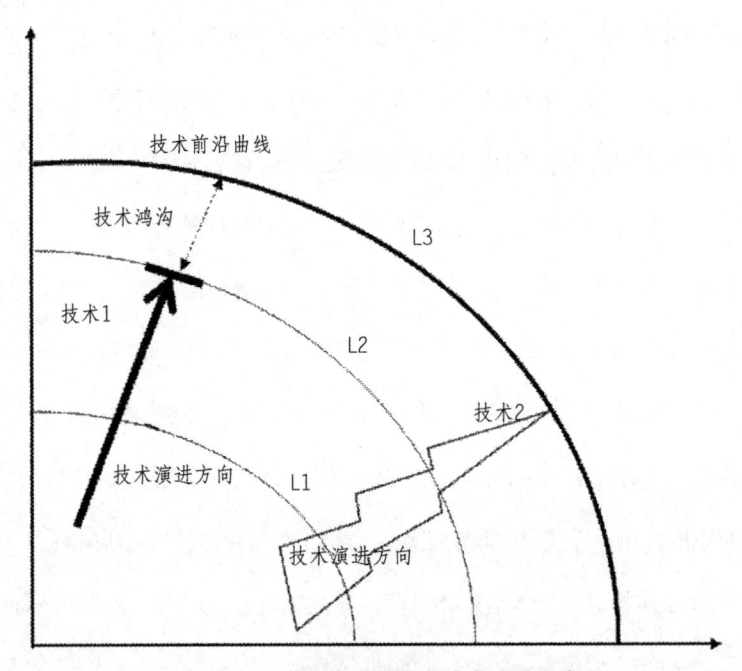

图 10-2　技术前沿曲线和技术演进示意

如图 10-2 所示，从技术演进路径看[①]，企业的技术从曲线 L1 行进到 L2 时，可以通过模仿、逆向工程等方式从国外引进。但是，当技术水平达到了 L2，再想达到 L3 的技术前沿水平，就会面临一个难以逾越的技术鸿沟。这一方面是由于技术保密和封锁；另一方面是由前沿技术的特性所决定的，它所包含的隐性知识需要自身科学技术研究和实践的积累才可能获取。很多先进技术的设计图纸即便公开，企业也无法达到其制造水平，这在第一章所述的日本哈德洛克螺母的案例已经谈到。

今天一些企业之所以止步于 L2，很大程度上就是因为前期的模仿成本较低，导致忽视自身研发水平的积累。没有了这种积累，企业便无法进一步吸收更加前沿的知识，从而无法实现突破，陷入了技术上的"后发劣势"。而如果能够到达 L3，像华为那样宣称进入"无人区"，则更是完全得靠自身的研发投入，引领行业的发展了。

从技术演进过程看，企业想实现所谓的"弯道超车"，只能是在离技术前沿尚有差距时的事，因那时可以清楚地看到其他企业走过的路，眼前有几条路可以选择，不确定性小。当真正接近或达到技术前沿之时，基本上不存在有什么"弯道"，只有"华山一条路"，甚至看上去全是荆棘，根本没有路。

更何况，"弯道超车"的取巧思维，在笔者看来，就与"工匠精神"背道而驰。

季克良来到茅台之初，茅台酒生产并没有多少科技含量。但是经过他和其他酒师、科技人员一道不断探索，不断祛魅，几十年持续不断地攻关和投入，理解了其生产的奥秘，才总结形成一套独特的茅台酒工艺，在科技方面也突飞猛进。

---

① 技术演进不一定是直线式的，同一类技术也不只有一条路线，此处仅是图示。

在白酒酿造领域，可以说茅台已经接近或达到了科技前沿水平。

从茅台的经验看，首先，企业要能辨别继承和创新的内容，明白哪些该继承，哪些该创新，这又需要回到第一条：敬畏质量。所以茅台的基本原则非常明确，就是以质量改进为依据。即在保持质量稳定的基础上，持续改进和创新。一些传统做法，如下窖水分、接酒温度等，只要是不符合质量标准的，一律要创新。而重阳下沙、人工踩曲、七轮次接酒等，有利于保持茅台质量的传统，必须继承，坚决不能改。

其次，科技的深度参与为创新开拓了广泛的空间。科技无止境，知识之海无涯。但是，在特定时代，最佳公司所能达到的境界就是前沿，就是企业创新的方向。茅台一直以那些质量方面做得最好、不断追求技术进步的企业为标杆，包括美国和日本的一些科技公司。

从生产过程看，在继承和创新的内容上，茅台继承了自身白酒酿造的传统工艺，将其进行系统的总结归纳，而创新的内容几乎都是由科技进步所带来的。

相比于技术创新，科学管理创新的重要性也丝毫不逊色。季克良一直坚持"三分技术，七分管理"，因此在推进技术革新的同时，他非常重视管理上的变革。茅台管理上的继承和创新体现在：它继承了辉煌的历史传统，国企准终身雇佣的优势，员工归属感较强、甘于奉献的精神，引入全面质量管理的新思想，创新了员工的个人奋斗和市场意识，新创了一支营销队伍，拥有战略和品牌意识，关注消费者和市场的反应。

最后，茅台自始至终，并没有所谓的"颠覆性创新"，其核心竞争力就在于持续创新的能力。它没有要颠覆行业、颠覆市场、颠覆技术曲线等，而是坚持稳扎稳打，以工匠精神做好每一件事。

很多人一说到颠覆，就想到不按规则、横空出世、乱拳打死老师傅，认定它是一种类似外星人的思维。实际上这是一种误解，至少对于技术创新来说是如此。

无论何种创新，它与原有做法和惯例在目标上仍然是高度重合的，这是由用户需求决定的。比如餐饮服务，颠覆性创新不是让人们不用餐或完全改变口味，而是对食物的营养、用餐的方便度、舒适度等进行创新。因此"颠覆性"主要是体现技术手段上的革新。

即便从很多颠覆性创新所采用的技术看，也基本上不是全新的，而是一些较为成熟的技术的组合，比如今天具有颠覆性的移动互联网，是几十年前已经出现互联网和数字移动通信的融合；共享单车是自行车技术、网络技术、加密技术的组合等。

从这点看，技术可以有颠覆，而创新更注重现有技术的组合。工匠在技术创新上既要有重视颠覆性技术的一面，更应关注现有技术的组合式创新方面。这是茅台"新工匠精神"的重要内涵之一。

追求卓越，发扬企业家精神

传统工匠精神聚焦于产品或服务，而不太关注于企业愿景，这是它明显的缺失之一。反映到企业经营之中，就是强调以产品为中心，这正是茅台在1998年之前的真实写照。

茅台向市场转型过程中，季克良的功绩不仅仅是坚守了质量，最为显著的是发挥了企业家精神。这是"新工匠精神"有别于传统工匠精神之处，也是现代企业经营中需要处理好的典型张力。

借助于茅台案例，最后来着重说说工匠精神与企业家精神相结合的问题，以期为企业提供参考。

一般认为，工匠精神讲究的是精雕细琢、慢功夫、质量第一、精品意识，强调做精做细的功夫和定力，像高山那样巍峨不动；而企业家精神讲究的是把握机会、要素重新组合、产业重新组织，是一种把握市场动态快速反应和适应的能力，是如流水那样的变动不居。由此看来，二者是相对立的一"静"一"动"。

但是仔细考察，二者实际上各有一套完整的体系，各有其特点。工匠精神发挥到极致，慢即是快，它可以适应多种变化的情况，以不变应万变。企业家精神也不完全是动，其中大量的创新必须要有对产品和市场的精耕细作。

借助于《孙子兵法》的相关术语，笔者对工匠精神和企业家精神二者如何相结合，拟从"道""法""术"三个层面进行一个解读。

工匠精神的"道"，就是以质量为信仰的战略。它相信质量可以涵盖很多内容，既包含着产品内在品质的高水准、稳定性，也包括消费者的认可。

从"法"的层面看，就是本书前面所说过的几个维度和修炼法，包括以人为本、提升技能；继承传统，科技创新；整合供应链，协调运作等。这些都是影响产品和服务质量的重要因素。

从"术"的层面，是具体到操作和应变的方面，企业应该关注到消费者的一些差别，重视产品工艺流程的改进，同时要善于把企业重视质量的细节演绎成故事，

第十章　中国企业"新工匠精神"的四项修炼

让消费者明显感知。

企业家精神的"道",笔者将其归纳为"以消费者为中心的事业开拓"。这是企业家与工匠起点上的不同。企业家并不只是发现机会,还会创造机会。他一动手就要"改变",这种改变有大有小,但是从"法"的层面看,企业家的职能是创新,因此"法"就是各类创新,包括以下几个方面。

(1)创造品牌、质量、价格、服务等用户最为关注的性质方面的独特性,最重要的当然是品牌,质量是其中不可或缺的一个要素;

(2)通过独特的定位,努力创造消费者心目中的第一,改变其原有的心智模式。企业可以不做白酒业的老大,但是可以做浓香型酒或清香型白酒的霸主;

(3)也可以通过组合原有不同细分市场的要素,创造一个全新的市场,例如,太阳马戏团将马戏与戏剧相结合,开创一个蓝海市场。

从"术"的层面看,体现在各类营销手段的灵活运用,如茅台提出很多行之有效的工程、文化、事件营销策略手段等。

通过分析可以发现,二者具有一些关键的共同点,例如,都没有说追求利润最大化;都重视与消费者的沟通;重视自身产品的独特性和差异性,形成品牌优势。这构成两种精神相结合的基础。

在这一基础上,本书提出以下融合之策。

在"道"的层面,工匠精神以其对质量恒定不变的追求,可历经岁月而不受销蚀,适合作为立企之本。企业家精神灵活的应变之策,适合作为企业愿景的引领和驱动力。

在"法"的层面,二者结合的关键在于"人才培育",企业需要不拘一格地培育人，既要有在技艺上臻于化境的工匠和科研人才，也需要有创意的营销人才。二者同样珍贵。

在"术"的层面，二者结合的关键在于"信息沟通"，企业的各类创新和问题源在信息的畅通，如孙子所说，需要"知己知彼"。只有内外部信息得以沟通，才能做出更优的决策，迅速作出反应。互联网、大数据、人工智能之所以对经济、社会影响巨大，原因正在于此。

对以上观点简要归纳成表 10-1。

表 10-1　工匠精神与企业家精神不同层面的结合

	工匠精神	企业家精神	结合点
道：战略运筹	以质量为信仰的质量战略	以消费者为中心的事业开拓	工匠精神为立企之本，企业家精神提供愿景引领
法：作战指挥	·以人为本，改善待遇、提升技能 ·继承传统，科技创新 ·整合供应链、协调运作	·创造差异：品牌、质量、价格、服务 ·创造消费者心目中的第一，改变心智模式 ·创造新市场	人才培育
术：战场机变	·质量应该重视消费者的反馈 ·产品工艺流程的持续改进 ·将质量转化为各类可营销的故事	·各类营销手段的灵活运用	信息沟通

后　记

2017年年底，受复旦大学东方管理研究院苏勇教授之托，接手了对茅台季克良先生管理思想的系统总结和梳理的任务。对我这个不太饮酒的人来说，喝茅台酒的次数，大概可以用一只手就能掰出来。但是，很神奇的是，每次这样的经历由于茅台酒的在场，到现在都似乎能说出当时的大致情形。

回到茅台案例写作，最初真可谓"我心惴惴"。主要是由于对我这样的非酿酒专业人士来说，首先，面临的是专业上的障碍。一般酒的酿造过程已经够复杂，更何况是茅台。其次，酿酒作为一个行当，有大量的实践知识隐含其中。即使在茅台已经待上几年的员工，也未必都能解其中三味，像我这样的外围人士，短期之内，仅仅够得上看热闹而已。

季克良：酒魂匠心

这种情况下，我唯一能做的，只能像傅斯年先生说的那样，发扬"上穷碧落下黄泉，动手动脚找东西"的精神，四处找资料了。好在有了季老本人和茅台的大力支持，一番努力之下，居然小有收获。

我最初的一个发现是季克良先生的工匠精神是当前这个时代最为缺失的东西。由此定下主题：工匠精神。进一步的问题，就很顺理成章了：茅台工匠精神有何内涵，如何形成，季克良有关工匠精神的表述有哪些，如何汇成一个特别的管理体系等。成书的过程由此展开，倒也算顺利。

我的另一个发现，是有关季克良先生本人的力量源泉。书中对于国有企业的企业家精神，其实是我本人一直都很感困惑的问题。国有企业存在企业家吗？如果存在，那应该是一幅怎样的画像？通过与季老多次反复交流，我深切感受到那一代企业家身上的人格魅力，其根本是一个人真切的信仰，那种无我的精神。在他身上，我深切地感受到了信仰的力量。正是这个信仰，让他几十年如一日在那样一个偏僻的山区、艰苦的条件下坚持下来了。而对照起来，当前这个时代工匠精神、企业家精神等的缺失，其背后主要是信仰的缺失。

在本书的写作过程中，有很多值得回忆的事件。其中一些可以作为花絮，放在此处，以飨读者。

第一次和季克良先生见面是在复旦管理学院李达三楼8层。我按预定的时间到那儿时，已经算是迟到了。虽然在视频中已经见过他，但是亲眼见到本人时，还是有些不一样的感觉。现实中的季克良是一位满头白发的慈祥长者，神采奕奕，步履矫健。当他听说著作由我来写时，便专门拉着我说，回头我们多联系，我那边有一本书，现在可能市面上买不到了，可以送给你，你好好看看。不久，我就收到他寄来的包裹，里面是唐流德先生写的《酿酒大师》，扉页上留有季老的题赠。

后 记

写作过程中遇到一些问题，一般都是通过微信请教他。由于住得不远，我就定期约他出来喝茶聊天。季老虽名义上已退休，仍然有很多社会兼职，事务缠身。沪黔两地飞，确实比较操劳，但他似乎乐此不疲。

我把2018年8月份要去茅台的行程提前告知季老。他很开心地说："到时我也去，到那边聚聚。有什么需要帮助的，你跟我说。"在他的协调下，整个调研考察得以有条不紊地推进。

2018年8月初，我一个人拖着行李到茅台镇，开始为期一周的现场调研。

初秋时分的茅台镇，天气有些变幻无常。刚到茅台镇的那天下午，正是雨后初霁。一个人便到镇上随便遛遛。在茅台公司对面的马路上，猛一抬头，看到镇上跨越南北的彩虹桥恰与天上的彩虹相映生辉，煞是好看。

我特地去找了一下杨柳湾，一个富有诗意的地名。那是一个高大的牌坊，后面一长溜仿古式的酒铺。站在牌坊下，想象季老夫妇54年前初到这儿徜徉时，该是一种什么样的心情：憧憬，平静，还是彷徨？

第二天，季老如约来到宾馆，让我感动不已。我对他说，茅台选择了您，也成就了您。现在茅台也选择了我，我会尽力的。

本书的完成，要感谢很多人，包括茅台战略管理部的李璇和赵金花，茅台档案馆小严，还有很多其他帮助提供资料的工作人员。接受访谈的除了季老本人，还有总经理助理彭云、原副总工程师张世华、上海销售区罗正才经理。当然，更要感谢复旦东方管理研究院苏勇教授和赵海龙博士的大力支持和帮助。

二〇一八年十月

作者于上海漕营

附录　季克良作品

论文：

1965	我们是如何勾酒的
1966	白酒的杂味
1978	加强企业管理努力，提高产品质量．贵州轻工，1978.2
1980	茅台酒的电导与老熟．贵州酿酒，1980.2 茅台酒厂对全面质量管理的经验．贵州酿造，1980.3
1988	高粱啤酒中的糊精．C.W.格林尼等，季克良译．酿酒科技，1988.1
1995	质量永远是我们的生命．人民论坛，1995.9 赴法国科涅克产酒区的考察报告：按专业化分工的联合，是法国酒业昌盛不衰之本．酿酒科技，1995.4
1997	神秘的贵州茅台酒．中国酒，1997.6
2000	品牌价值与地域价值——茅台酒引出的话题．酿酒科技，2000.4 世界上最好的蒸馏酒：贵州茅台．可乐，2000.1 居安思危 再创辉煌．中华工商时报，2000.10.13，第5版 茅台的品牌价值提升与保护．经济日报，2000.10.17，第16版
2001	为中国白酒业谱写崭新的篇章．酿酒科技，2001.5 国酒茅台的原产地品牌必须加强保护．中国酒，2001.5
2003	在庆祝茅台酒荣获国际金奖86周年暨国酒茅台辉煌50周年大会上的讲话．酿酒科技，2003.2 茅台酒在中国白酒发展中的影响、地位及作用．酿酒科技，2003.4 质量，国酒茅台永恒的主题．经济世界，2003.4 为了完成伟人的重托．经理日报，2003.12.15 用网络和信息技术改造传统产业的实践与构想．当代贵州，2003.6

2004	国有企业负责人的人格力量．中国企业报，2004.9.17 怀念老领导王绍彬厂长．经理日报，2004.2.29 国酒茅台如何连续五年跨越式发展．经理日报，2004.1.11，第 A01 版 绿色食品：国酒茅台对健康消费的承诺．学习月刊，2004.9
2005	科学破译神秘茅台，酿造高品位生活．经理日报，2005.2.21 茅台酒高温工艺应激条件对活性酵母细胞衍生物的影响．酿酒科技，2005.3 依靠科技进步，为再创中国白酒业辉煌而共同努力．酿酒科技，2005.5 酒精代谢及其相关基因遗传多态性．酿酒科技，2005.7 告诉您一个真实的"陈年茅台酒"．中华工商时报，2005.7.22，第 3 版 以市场为中心，视消费者为上帝．中国质量报，2005.7.27，第 7 版 国酒茅台：世界上独具特色的蒸馏白酒．学习时报，2005.12.5，第 11 版
2006	茅台酒的独特性概述．酿酒科技，2006.2 解读茅台酒的微量成分．酿酒科技，2006.10 茅台的第 9 个跨越发展年（口述）．当代贵州，2006，第 24 期 让贵州茅台酒飘香全世界——介绍中、低度贵州茅台酒．贵州日报，2006.11.16，第 2 版
2007	全二维气相色谱　飞行时间质谱用于白酒微量成分的分析．酿酒科技，2007.3 茅台酒大曲中 3 株耐高温霉菌的分离纯化及鉴定．酿酒科技，2007.3 追忆良师益友．中国酒，2007.6 依靠科技进步，提升传统产业．学习时报，2007.7.2，第 8 版 研发中、低度酒与国际接轨．学习时报，2007.9.3，第 10 版 独树一帜的蒸馏酒：贵州茅台．国际人才交流，2007.11
2008	科学发展滋养国酒茅台．贵州日报，2008.1.15，第 2 版 相似系统理论及气相色谱指纹数据建立茅台酒评价体系．酿酒科技，2008.9 人文着生活，健康着享受．国际人才交流，2008（1）：63-63
2009	茅台集团改革开放 30 年的回望与思考．中国品牌，2009，第 1 期 继往开来，继承创新，实现国酒茅台新跨越．经济信息时报，2009.1.14，第 4 版 为塑造本土企业形象鼓与呼．当代贵州，2009，第 8 期 茅台地区酱香白酒硼同位素比较研究．酿酒科技，2009，第 4 期 一切为消费者着想．21 世纪经济报道，2009.12.29，第 24 版 枯草芽孢杆菌利用不同基质所产代谢物的分析对比．酿酒科技，2009，第 12 期
2010	茅台：传统结合现代创造生命力．中国食品报，2010.12.21，第 7 版 国酒茅台奏响民族品牌百年华章．中国企业报，2010.1.15，第 11 版 新起点，以奔跑姿态向前．经济信息时报，2010.3.3，第 A08 版 卓越品质铸造国酒茅台．中国企业报，2010.9.27，第 8 版 不同工艺条件下枯草芽孢杆菌代谢产物分析对比．酿酒科技，2010.1

2011	价值观决定企业成长．当代贵州，2011年5月下，第15期 茅台为何要出中低度酒．浙江日报，2011.1.18，第23版 让历史告诉未来——梳理茅台国营一甲子所得．贵州日报，2011.9.16，第2版 拟青霉固态发酵代谢产物分析．酿酒科技，2011.7 茅台大曲中3株芽孢杆菌代谢产物的比对分析．酿酒科技，2011.8 地衣芽孢杆菌固态发酵代谢产物分析．酿酒科技，2011.9
2012	茅台酒与幽门螺旋杆菌．酿酒科技，2012，第6期 坚持科学发展 国酒茅台创造10年辉煌．贵州日报，2012.10.26，第6版
2017	贵州茅台：从中国制造到中国品牌．人民政协报，2017.1.17，第6版 白酒国际化看未来十年．华夏酒报，2017.11.28，第A02版
2018	结缘八十载，相伴半世纪．国酒茅台，2018.4

注：2019年6月30日起，"国酒茅台"商标停用。

著作：

季克良．我与茅台五十年［M］．贵阳：贵州人民出版社，2017.5

参考文献

[1] Abrahamson, Eric. Managerial Fads and Fashions: The Diffusion and Rejection of Innovations[J]. Academy of Management Review, 1991,16（3）: 586-612.

[2] Abrahamson, Eric. Management Fashion[J]. Academy of Management Review, 1996,21（1）:254-285.

[3] Cimatti B, Giampaolo Campana. The Value of Craftsmanship in Manufacturing and Related Organizational Models[J]. International Journal of Organizational Innovation, 2015, 7（4）:7-16.

[4] Granovetter, Mark. Economic Action and Social Structure: The Problem of Embeddedness[J]. American Journal of Sociology,1985,91(3):481-510.

[5] Kim, W Chan; Mauborgne, Renée. Value Innovation: The Strategic Logic of High Growth[J]. Harvard Business Review,1997,75(1):103-112.

[6] Lawler E E III, Mohrman S A. Quality circles after the fad[J]. Harvard Business Review. 1985,63: 65-71.

[7] LIU J, CHENG M L, SHI J Z, et al. Differential Effects between Maotai and Ethanol on Hepatic Gene Expression in Mice: Possible Role

of Metal-lothionein and Heme Oxygenase-1 Induction by Maotai[J]. Experim Biol Med, 2006, 231(9)：1535-1541.

[8] 曹祎遐. 创新：工匠精神的延伸[J]. 学习月刊, 2016.

[9] 赫尔曼·西蒙. 隐形冠军[M]. 邓地, 译. 北京：经济日报出版社, 2005.

[10] 瓦尔特·本雅明. 机器复制时代的艺术作品[M]. 王才勇, 译. 北京：中国城市出版社, 2001.

[11] 付向核, 孙星. 解读德国工匠精神, 创新中国工业文化[J]. 中国工业评论, 2016.

[12] 韩凤芹, 于雯杰. 德国"工匠精神"培养及对我国启示——基于职业教育管理模式的视角[J]. 地方财政研究, 2016（9）：101-106.

[13] W C 金, R 莫博妮. 蓝海战略——超越产业竞争, 开创全新市场[M]. 吉宓, 译. 北京：商务印书馆, 2005.

[14] 胡适. 差不多先生传[N]. 申报, 1924-6-28.

[15] 胡腾. 茅台为什么这么牛[M]. 贵阳：贵州人民出版社, 2011.

[16] 黄桂花. 为什么是茅台[M]. 贵阳：贵州人民出版社, 2017.

[17] 李云飞. 德国工匠精神的历史溯源与形成机制[J]. 中国职业技术教育, 2017（27）：33-39.

[18] 刘佑清, 张小军, 秦立军. 与世界对话：新常态下茅台品牌的逐梦之旅与创新之道[M]. 贵阳：贵州人民出版社, 2017.

[19] 刘源张. 推行全面质量管理三十周年回顾[J]. 上海质量, 2008, 9:25-30.

[20] 鲁迅. 非攻, 选自《鲁迅全集（第二卷）》《故事新编》[M]. 人民文学出版社,

2005.

[21] 吕妍, 梁樑. 师徒制技能提升模型对隐性知识共享的探讨 [J]. 科研管理, 2008, 29(5):78-83.

[22] 彼得·德鲁克. 管理实践 [M]. 齐若兰, 译. 北京: 机械工业出版社, 2006.

[23] 彼得·德鲁克. 后资本主义社会 [M]. 张星岩, 译. 上海: 上海译文出版社, 1998.

[24] 彼得·斯科尔特斯. 戴明领导手册 [M]. 钟汉清, 译. 北京: 华夏出版社, 1999.

[25] 丹尼尔·A·雷恩. 管理思想史 [M]. 孙健敏, 黄小勇, 李原, 译. 5版. 北京: 中国人民大学出版社, 2009.

[26] 吉姆·柯林斯, 杰里·波勒斯. 基业常青 [M]. 真如, 译. 北京: 中信出版社, 2002.

[27] 托马斯·彼得斯, 罗伯特·沃特曼. 追求卓越 [M]. 龙向东, 等译. 北京: 中央编译出版社, 2000.

[28] 约瑟夫·熊彼特. 经济发展理论 [M]. 何畏, 易家详, 等译. 北京: 商务印书馆, 1990.

[29] 亚力克·福奇. 工匠精神: 缔造伟大传奇的重要力量 [M]. 陈劲, 译. 杭州: 浙江人民出版社, 2014.

[30] 约翰·伯恩. 蓝血十杰 [M]. 陈山, 真如, 译, 海口: 海南出版社, 2014.

[31] 约瑟夫·朱兰, 布兰顿·戈弗雷. 朱兰质量手册（第42章）[M]. 焦叔斌, 等译. 5版. 北京: 中国人民大学出版社, 2003.

［32］区煜广.中日质量管理小组活动比较［J］.外国经济与管理,1988.

［33］涩泽荣一.论语与算盘：人生·道德·财富［M］.王中江,译.北京：中国青年出版社,1996.

［34］谭小霜,唐贤华,杨燕,等.关于科学、健康饮酒方式的研究现状与展望［J］.酿酒,2015,42（3）：102-105.

［35］唐流德.酿酒大师［M］.北京：作家出版社,2000.

［36］汪中求.茅台是如何酿成的［M］.北京：机械工业出版社,2017.

［37］吴晓波.跌荡一百年［M］.北京：中信出版社,2014.

［38］邢文英.全面质量管理：回顾与思考.石油工业技术监督［J］.2001,17（1）：7-8.

［39］许纪霖.从文化角度解读"工匠精神"［N］.新华日报,2016-9-21（15）.

［40］薛栋.论中国古代工匠精神的价值意蕴［J］.职教论坛,2013.

［41］李约瑟.中华科学文明史（第四卷）［M］.上海交通大学科学史系,译.上海：上海人民出版社,2003.

［42］李约瑟.中国科学技术史（第四卷第一分册：物理学）［M］.陆学善,等译.北京：科学出版社,2003.

［43］余英时.儒家伦理和商人精神［M］.桂林：广西师范大学出版社,2004.

［44］郑瑾瑜.中国师徒关系的变迁过程及其社会建构［J］.现代交际：（学术版）,2017(18)：175-176.

［45］中国质协QC小组工作委员会.我国QC小组活动的现状［J］.轻工标准与质量,2003.

［46］中国贵州茅台酒厂有限责任公司. 茅台酒厂志[M]. 北京：科学出版社，1991.

［47］中国贵州茅台酒厂有限责任公司. 中国贵州茅台酒厂有限责任公司志[M]. 北京：方志出版社，2011.